GABRIELA WOZNIAK

Hilft mir Gott?

Wunderbare Gebetserhörungen in der Corona-Krise

Mit einer Einleitung von
Pater Karl Wallner

EDITION MISSIO

Be&Be

Inhaltsverzeichnis

Einleitung

HILFT MIR GOTT?

Achtung, dieses Buch ist anstößig! Denn die Antwort auf die Frage: „Hilft mir Gott?“ lautet: Ja! Die Auswahl von 77 Gebetserhörungen aus der Corona-Zeit, die hier gesammelt vorliegen, wird die einen begeistern und trösten, andere aber auch verunsichern und provozieren. In diesem Buch hat Dr. Gabriela Wozniak, Referentin bei Missio Österreich (www.missio.at) für die missionarische Seelsorge und für die „Gott kann-Gebetsbewegung“ (www.Gott-kann.at) einige unerklärliche Gebetserhörungen aufgearbeitet und festgehalten. Seit Ausbruch der Corona-Pandemie übertragen wir von Missio Österreich – die „Päpstlichen Missionswerke in Österreich“ – täglich eine Mittagsmesse im Livestream oder auf katholischen Fernsehsendern. Wir haben die Gläubigen eingeladen, uns ihre persönlichen Sorgen und Nöte zu schicken. Wir schreiben diese auf Karten und legen sie in einen Brotkorb, den wir von einer Besuchsreise zu unseren Hilfsprojekten aus Burundi in Zentralafrika mitgebracht haben. Seit dem 10. März 2020 bis heute (Mai 2021) sind über 40.000 Fürbitten per E-Mail, Brief oder Telefon eingegangen. Nicht alle können wir bei der Mittagsmesse vorlesen. Die Rückmeldungen über Gebetserhörungen sind zahllos, einige davon verblüffend, wunderbar – und eben „anstößig“. Sogar ich habe gezögert, dieses Buch zu veröffentlichen, weil einiges regelrecht „mirakulös“ ist. Aber es wurde uns glaubhaft so berichtet, und so stehen wir vor dem Phänomen, dass sich das Wort Christi aus Matthäus 7,7 „Bittet und ihr werdet empfangen!“ manchmal auf unerklärliche Weise erfüllt hat. Doch der Reihe nach.

MISSIO ÖSTERREICH SETZT IN DER CORONA-KRISE AUF DAS BITTGEBET

Als am 16. März 2020 die österreichische Bundesregierung einen harten Lockdown verkündet hat, der auch für die Kirche die nie dagewesene Einschränkung bedeutete, dass keine öffentlichen Gottesdienste mehr möglich waren, versuchten wir bei Missio Österreich auf eine „missionarische" Weise zu reagieren: Mag. Markus Andorf, der damals das Team Medien und Kommunikation leitete, und mir, als Nationaldirektor von Missio Österreich, war es ein Anliegen die Chance der Krise zu nützen und die Menschen zu einem neuen Gottvertrauen zu führen. Am selben Tag beschlossen wir, täglich um 12 Uhr mittags eine Heilige Messe im Livestream anzubieten. Und die katholischen Privatsender K-TV und EWTN waren bereit, diese „Mittagsmesse" an 5 von 7 Tagen in der Woche zu übertragen. Mission ist etwas Übernatürliches und Gnadenhaftes[1].

Schon vor dem Lockdown im März 2020 hatten wir dreimal in der Woche die Mittagsmesse auf K-TV übertragen und zehntausende Menschen erreicht. Eine Mess-Übertragung war für uns also nichts Neues. Neu war nur, dass sich die äußeren Umstände dramatisch geändert hatten: War bislang die Kapelle zur Mittagsmesse immer voll, ja übervoll gewesen, so stand ich ab 16. März plötzlich vor leeren Bänken und rief einer schwarzen Kamera am hinteren Ende der Kapelle zu: „Der Herr sei mit Euch!" Mir war sofort klar, dass ich den Gottesdienst nicht wie bisher feiern durfte: Vorher war die Gemeinde, mit der und für die man den Gottesdienst feierte, im Raum anwesend. Jetzt war die Gemeinde auch anwesend, aber anders, geographisch und atmosphärisch getrennt. Die Gläubigen im Raum – der Young-Missio-Mitarbeiter Marcel Urban fungierte als Ministrant, seine Kollegin

1 Karl Wallner, Die Krise als missionarische Chance. Durch die Corona-Pandemie kommt die Verkündigung endlich in den Medien an, in: Walter Kardinal Kasper / George Augustin (Hg.), Christsein und die Corona-Krise. Das Leben bezeugen in einer sterblichen Welt. Mit einem Geleitwort von Papst Franziskus, Ostfildern 2020, 170–190.

Maria Jungk als Musikerin (www.youngmissio.at) – waren nicht mehr die Hauptadressaten, sondern die Menschen vor den Bildschirmen, die aber für mich als Zelebranten unsichtbar waren. Uns war also sehr schnell klar, dass wir die Übertragung der Mittagsmesse anders machen müssen als bloß das „Abfilmen" einer Messe, die mit anwesenden Gläubigen gefeiert wird und wo die Zuschauer zu Hause vor den Bildschirmen bloß Beobachter eines fernen Geschehens werden. Doch wie macht man aus „Zusehern" „Mitfeiernde"?

Die Antwort war ganz einfach: Indem wir die Menschen, die in der Krise in Bedrückung, Isolation und manchmal sogar Todesangst geraten waren, einladen, ihr ganzes Vertrauen auf Gott zu setzen. Von Anfang an war uns klar, dass die Corona-Krise eine Chance ist, das Bittgebet wieder zu entdecken. Die Krise bietet hier sogar die Chance, zu einer nachhaltigen Therapie der theologischen Irrigkeit, in die das westliche Christentum geraten ist, und die man als eine Form des „Pelagianismus" bezeichnen könnte: Weltbewältigung ohne Gott. Seit dem deutschen Idealismus sind wir mehr und mehr von der Vorstellung erfasst, dass „Gott" nur eine Schöpfung unseres endlichen Geistes, unserer Psychologie ist. Wir erwarten daher nichts mehr „von Ihm her". Das änderte sich nun automatisch aufgrund der psychischen Bedrückung aufgrund der existenziellen Bedrohung, die das Covid19-Virus ausgelöst hatte. Not lehrt beten, genauer: Not lehrt bitten. Die Bitten der Menschen betreffen ihre persönliche Not, ihre inneren Bedrängnisse, ihre existentiellen Ängste und Wünsche. Wenn das Volk Gottes zu bitten anfängt, dann hört man in unseren Kirchen plötzlich nicht mehr die farblos-abstrakten Fürbitten um „Alles-Mögliche-Gute", die an Schreibtischen für liturgische Behelfe vorformuliert wurden, meist politisch korrekt. Sondern dann tönen diese Bitten wieder nach den Hilfeschreien, wie sie so oft an Jesus gerichtet wurden: „Jesus, Sohn Davids, hab Erbarmen mit mir!" (Markus 10,47) „Herr, rette uns, denn wir gehen zugrunde" (Markus 8,25).

EINE WAHRE FLUT VON FÜRBITTEN

Wir wollten die aktive Beteiligung der Gläubigen an den übertragenen Gottesdiensten. Unser Ziel war es, die Menschen vor dem Bildschirm direkt anzusprechen, sie durch kurze, bildhafte und zeugnishafte Predigten emotional zu erreichen. Aus Zusehern Mitfeiernde zu machen, mehr noch: Menschen, die mitbeten, die im gläubigen Gottvertrauen durch die Mitfeier wachsen. Darum hatten wir die Idee, dass die Menschen ihre Sorgen in Form von Fürbitten an Missio Österreich schicken sollten. 2019 hatte eine Missio-Mitarbeiterin bei einem Projektbesuch in Burundi von Bäuerinnen auf der Straße Brotkörbe gekauft. Diese Szene habe ich zufällig, weil ich im Jeep dahinter saß, fotografiert. Einen dieser burundischen Brotkörbe stellten wir nun vor den Altar und baten die Gläubigen, uns ihre Bitten zu schicken. In *Evangelii Gaudium* hat Papst Franziskus von der „missionarischen Kraft des Fürbittgebetes“[2] gesprochen. Eine derartige Flut von Fürbitten erreichte uns, dass wir schon bald keine vorformulierten Fürbitten mehr verwendeten, sondern nur mehr Fürbitten aus dem „Burundischen Brotkorb“ vortrugen. Es war sehr berührend, weil wir alle plötzlich auch das Gefühl hatten, dass wir hier wieder den ursprünglichen Sinn der *„oratio fidelium“*, wie die Fürbitten auf lateinisch heißen, wiederentdecken: „Gebet der Gläubigen“. Am Beginn der Eucharistiefeier lud das Volk ursprünglich nicht nur konkrete Gaben, oft Naturalien, vor dem Altar ab, sondern sprach auch laut die Sorgen und Nöte aus, die es bewegten und die in der Messe „gewandelt“ werden sollten.

Was war das für ein Unterschied zwischen den konkreten und existentiellen Bitten und Hilferufen aus dem Volk Gottes zu den glatten, abstrakten und oft zudem „politisch-korrekt“ getexteten Bitten, die von den Schreibtischen kluger Liturgiewissenschaftler stammen! Wir ersetzen also die vorformulierten Fürbitten vollständig durch die von den Gläubigen zugesandten; dabei wählten wir freilich nicht wahllos aus, sondern so, dass in jeder heiligen Messe durch die oft

2 FRANZISKUS, Apostolisches Schreiben Evangelii Gaudium, 2013, Nr. 281–283.

sehr persönlichen und individuellen Fürbitten gleichsam typologisch eine ganze Bandbreite an Anliegen abgedeckt wurde. Da uns immer mehr Fürbitten erreichten – wir schätzen, dass zwischen März 2020 und März 2021 über 38.000 Fürbitten per Post, Email oder Telefon eingegangen sind, – übertrug ich als Nationaldirektor die Verantwortung für diesen „geistlichen", ja „seelsorglichen" Bereich, einer eigenen Mitarbeiterin. Gabriela Wozniak hat im Sommer 2020 an der Universität Wien in Dogmatik promoviert und verbindet mit ihrer theologischen Kompetenz eine empathische und pastorale Gesinnung. Sie ist die eigentliche Seelsorgerin hinter den Fürbitten und Autorin dieses Buches.

Schon bald fluteten nicht nur Fürbitten, sondern auch Dankschreiben für erhörte Gebete über uns herein. Immer wieder habe ich bei den Mittagsmessen über das Wesen des Bittgebetes gepredigt, für das unser Herr Jesus Christus in den Evangelien so stark Werbung macht. Wenn man die Frage stellt, warum Gott unsere Bitten „braucht", wo er doch ohne uns allmächtig ist und sicher auch ohne uns den Kosmos mit den Schicksalen der Einzelnen zum Guten lenken kann, wird es theologisch kompliziert[3]. Die Antwort der katholischen Theologie verweist immer auf unsere Kindlichkeit: Gott muss unser Gebet nicht wollen, aber er will es wollen, weil er unsere Mitarbeit und unsere Mitsorge an seiner Schöpfung und Erlösung will. Es gibt viele Formen des Gebetes, das Bittgebet ist gleichsam die ursprünglichste Form, wie sich der Mensch an Gott wendet. „Beten" kommt von „bitten". Und das Bittgebet ist keineswegs minderwertiger als die Anbetung, das Dankgebet oder der zweckfreie Lobpreis[4]. Dass wir Gott um etwas bitten dürfen und dass es sein Wille ist, sich von unseren Bitten

---

3 Christoph Böttigheimer, *Sinn(losigkeit) des Bittgebets. Auf der Suche nach einer rationalen Verantwortung*, Verlag Herder: Freiburg-Basel-Wien 2018; Michael Meyer-Blanck, *Das Gebet*, Mohr Siebeck: Tübingen 2019; Robert Biersack, *Bittgebet und Gottes Vorsehung. Eine systematisch-theologische Studie zur Sinnhaftigkeit und Wirksamkeit der Bitte an Gott*, EOS-Verlag: St. Ottilien 2016; Wilfried Eisele (Hg.), *Gott bitten? Theologische Zugänge zum Bittgebet*, Verlag Herder: Freiburg-Basel-Wien 2016.

4 Vgl. Karl Wallner (Hg.), *Zu dir erhebe ich meine Seele. Herzensgebete aus dem Kloster*, Matthias Grünewald Verlag: Ostfildern 2011.

beeinflussen zu lassen, ist ein wichtiger Aspekt der Würde, die Gott uns zukommen lässt. Es mindert seine Größe nicht, wenn er sich von uns bitten lässt, sondern gibt ihm alle Ehre. Wenn wir ihn bitten, setzen wir zugleich einen Akt der Anbetung seiner Allmacht, weil wir ihm auf diese Weise ja vertrauensvoll bezeugen, dass wir ihm zugestehen, der Herr des Himmels und der Erde zu sein, der das Heil seiner Geschöpfe, und zwar jedes einzelnen, möchte.

DREI ANSTÖSSE

Ich bin sehr gespannt, welche Reaktionen dieses Buch mit den 77 wunderbaren Gebetserhörungen auslöst. Um ein Haar hätte mich der Mut verlassen, dieses Buch zu veröffentlichen, weil ich mir so sicher bin, dass es Anstoß erregen wird, dass es Kritik und Widerstand ernten wird. Und ich fürchte, dass Kritik und Widerstand nicht nur von Atheisten kommen werden, sondern auch von Gläubigen und theologisch Gebildeten. Denn die Erhörung von menschlichen Bitten durch Gott ist eine denkerische Herausforderung. Und das Bittgebet ist in unserer westlichen Kirche seit Jahrzehnten in der Krise. Man merkt das schon an den Fürbitten bei den Sonntagsgottesdiensten, die sich meist dadurch auszeichnen, dass in ihnen keinerlei Sehnsucht nach wirklicher Erhörung spürbar ist und sie oft sogar nur als kaschierte moralische Appelle an die Zuhörerschaft formuliert sind. Hört Gott? Hilft Gott? Offensichtlich ja! Und das Warum kann letztlich nicht wirklich schlüssig rational beantwortet werden. Wir sind also darauf vorbereitet, dass die teils abenteuerlichen Gebetserhörungen, die wir hier veröffentlichen, Verwunderung und Skepsis erregen werden. Aber genau das wollen wir auch: Diese Gebetserhörungen sollen anstößig sein. Sie sollen drei Anstöße geben, um unseren Glauben zu provozieren und, wo notwendig, auch zu korrigieren.

1. Anstoß: Gott existiert

Dieses Buch könnte Anstoß erregen, weil es doch heute für viele Religionsphilosophen, aber auch Theologen und Gläubige eine ausgemachte Sache sei, dass „Gott" nur etwas ist, das in unserer Vorstellung existiert. Wir sprechen von „Gottes*bildern*", die die einzelnen Religionen entwickelt haben. Aber in der Bibel geht es nicht um „unser Bild" von Gott. Gottesoffenbarung der Bibel beginnt damit, dass Gott den Menschen verbietet, sich selbst ein Bild, eine Vorstellung von ihm zu machen. Weil er sich selbst vorstellen möchte. Seit dem deutschen Idealismus ist es in unserem Denken durchgesickert, dass Gott nur „ist", insofern er eine „Anschauung" über das sei, was man sich selbst nicht erklären kann. Gott sei demnach eine Setzung des menschlichen Geistes, eine Idee. Was die Religionen „Gott" oder „Götter" nennen, seien menschliche Vorstellungen vom Grund und Sinn des Seins, beliebig abwandelbar, je nach Gefühl und Zeitgeist. Ludwig Feuerbach hatte schon im 19. Jahrhundert den Sinn von Religion darin festgemacht, dass hier der menschliche Geist eben Wichtiges über sich selbst „projiziert" und dieses Projektionsbild seiner Wünsche und Sehnsüchte dann als seinen Gott anbetet. „Nicht Gott hat uns geschaffen, sondern wir haben Gott geschaffen", hat er seine religionsphilosophischen Thesen auf den Punkt gebracht. Dass es Gott nur „in uns" gibt, und Religion deshalb nur insofern etwas Sinnvolles ist, als sie meinem „Ich" einen Profit bringt, war dann auch die große Grundstimmung, mit der die Esoterik die Welt beglückt hat.

2. Anstoß: Gott wirkt

Aber es ist nicht erst die neuzeitliche „Feuerbachisierung" der Theologie, die das Bittgebet für sinnlos erklärt. Immer dann, wenn es „philosophisch" wird, wird es kompliziert. Wie soll man das denn zusammendenken: Warum sollte ein allmächtiger und folglich allwissender Gott auf die Bitten von uns endlichen Geschöpfen angewiesen sein? Warum sollte er sie brauchen wollen? Schon in der Antike war die Philosophie „zur Totengräberin des Gebetes" geworden[5]. Wo Gott ein abstraktes Prinzip ist, ist Bittgebet nicht möglich. Wo Gott und Natur zusammenfallen, ist Bittgebet sinnlos. Der stoische Philosoph Seneca erklärt es für sinnlos zu beten, da Gott im Menschen sei[6]. Wenn von einem Gott als „Gegenüber" zu uns nichts mehr zu erwarten ist, ist das Bittgebet hinfällig. Gott tut ja nichts mehr, wir müssen alles selber tun. Es gibt ja keine „Wirk-lichkeit" im realen Raum außerhalb unseres Geistes. Wenn er wirkt, dann nur in unserer Subjektivität, in unserer Psychologie. Gebet ist folglich nicht mehr das „Um-Hilfe-Schreien-zu-Gott", wie wir es in der Bibel so oft bezeugt haben. Beten ist dann nicht mehr ein fast schon belästigendes Feilschen mit Gott wie es Abraham tut, um Sodom und Gomorrha zu retten. Beim Beten geht es nur mehr um die eigene Selbstberuhigung, um das innere Ausleeren. Darum passen die Buddha-Statuen so gut in den Relax-Bereich unserer Thermen. Religion und religiöse Vorstellungen sind ein Wohlfühlfaktor und Aspekt psychischer Beruhigung. Ich erwarte dabei eigentlich nichts von einem an der Welt interessierten höheren Wesen, sondern aktiviere verborgene Beruhigungskräfte in mir ... Gebet ist in diesem Fall therapeutische Selbstreflexion.

Dieses Buch ist darum anstößig, denn es bezeugt, dass Gott als eine außerhalb von uns Menschen und für uns Menschen wirkende Wirklichkeit existiert. Nicht Einbildung, nicht Phantasie, sondern eben wirkende Wirklichkeit. Das ist ja das Wesen des Christentums, das sich schon im Vorlauf des Ersten Bundes ansagte. Jesus wird dann die Besonderheit der biblischen Religion in dem Wort zusammenfassen: „Nicht ihr habt mich erwählt, sondern ich habe euch erwählt" (Johannes 15,16). Und schon das Alte Testament ist voll von Schilderungen, von Menschen, die keineswegs orientalische phantasiebegabte Sinnsucher auf Meditationsseminaren sind, sondern die plötzlich „von oben", „von außen", „von jenseits", „vom Himmel" angesprochen und angerufen werden. Die Reaktion ist immer gleich: Erschrecken, Erstaunen, ein

5 Joachim Jeremias, Abba. Studien zur neutestamentlichen Theologie und Zeitgeschichte, Göttingen 1966, 167.

6 Seneca, *An Lucilius* IV, 12,1 (Brief 41,1).

Sich-Überrumpelt-Fühlen, und ungläubige Abwehr des Einbruchs Gottes: „A a, a, mein Gott und Herr, ich kann doch nicht reden, ich bin ja noch zu jung ...", erschaudert Jeremia (Jeremia 1,6). Mose wirft sich vor einem brennenden Dornbusch nieder, und in einer Kammer in Nazareth erschrickt eine junge Frau, als sie plötzlich von einem Engel mit einer unfasslichen Rettungsbotschaft konfrontiert wird. Diese Schilderungen sind anstößig! Ebenso anstößig wie die Erzählungen, dass Jahwe immer wieder in die Geschichte Israels eingegriffen hat, überraschend und manchmal verstörend, wie etwa bei den 10 Plagen, die den Ägyptern von Gott geschickt werden. Und schließlich ist dieser Gott als geschichtsmächtige Wirk-lichkeit[7] in dieser Welt erschienen, als Wirk-lichkeit deshalb, nicht nur weil er den programmatischen Namen „Jesus" trägt, was so viel wie „Gott rettet" bedeutet, sondern weil er wirklich zu Lebzeiten Rettung und Heil gewirkt hat. Er beschreibt es selbst mit den Worten: „Blinde sehen wieder, und Lahme gehen; Aussätzige werden rein, und Taube hören; Tote stehen auf, und den Armen wird das Evangelium verkündet" (Matthäus 11,2-11). Doch diese Heilungswunder sind nichts im Vergleich zu der Heilung der größten Wunde der Menschheit: der Gebrochenheit gegenüber Gott, was wir Sünde nennen, der Wunde der Sterblichkeit, dem Tod.

Wir Katholiken haben immer die Aufgabe, Glauben und Denken, „Fides et Ratio" zusammenzuhalten. Die „Ratio" bewahrt uns davor, naiv und mirakelsüchtig zu werden. Wenn man Gott aber zu einem abstrakten und weltfernen oder ich-immanenten Etwas verkommen lässt, hat man das Biblische verfehlt. Es ist erstaunlich, wie stark die Freikirchen und Pfingstgemeinschaften wachsen. Eine ihrer Stärken ist: Sie trauen Gott etwas zu, sie nehmen die dutzendfach von Jesus ausgesprochenen Einladungen zum Vertrauensvollen Gebet ernst. Für sie ist das Vater-Unser nicht bloß ein leerer Aufsagetext, sondern sie klammern sich an die 7 Bitten, die Jesus in diesem einzigen Gebet, das er selbst gelehrt hat, vorformuliert hat. Diese Bitten reichen vom Abstrakten („Dein Reich komme") bis zum Konkretesten („Unser

7 Vgl. Hanna Stettler, *Gebet im Neuen Testament – Weltveränderung oder Selbstreflexion*, in: Theologische Beitrage 48 (2017) 219–232.

tägliches Brot gibt uns heute"). Die sieben Bitten des Vater-Unser, die Jesus seinen Jüngern gibt, sind seine direkte Antwort auf ihre Bitte: „Herr, lehre uns beten" (Lukas 11,1f.).

3. Anstoß: Christus hält Wort

Dieses Buch ist anstößig, weil es Zeugnisse wiedergibt, in denen Menschen auf das Wort Christi vertraut haben: „Bittet und ihr werdet empfangen, sucht und ihr werdet finden, klopft an und euch wird aufgetan" (Matthäus 7,7). Eine zentrale Einladung, ja Verheißung der Bergpredigt Jesu, die er in dutzenden anderen Einladungen zu Bittgebet und kraftvollen Verheißungen wiederholt: „Dann wird euch der Vater alles geben, um was ihr in meinem Namen bittet" (Johannes 15,16) . Für nichts macht Jesus mehr Werbung als für das Bittgebet. Er spricht sogar davon, dass wir, wenn wir beim Bitten vertrauen, Berge versetzen können. Er mahnt sogar die Glaubenden: „Bis jetzt habt ihr nichts erbeten in meinem Namen. Bittet, und ihr werdet empfangen, auf dass eure Freude vollkommen sei" (Johannes 16,24).

Doch all diese Verheißungen sind auch für gläubige Christen schwer zu glauben in einer Welt, in der es als ausgemacht gilt, dass wir uns alles von uns selbst erwarten müssen. Ich muss gestehen, dass auch mein Glaube nicht stark genug ist, dass ich die hier wiedergegebenen Gebetserhörungen so einfach hinnehmen kann. Wie soll man das verstehen, dass eine Fürbitte schon lange im Burundischen Brotkorb lag und gerade dann erhört wird, als sie bei der Mittagsmesse vorgelesen wird? Dass jemand durch eine Verkettung von Umständen genau dann die Übertragung der Mittagsmesse im Fernsehen einschaltet, als jene Bitte vorgelesen wird, die sein Leben verändert? Doch lesen sie selbst. Dieses Buch veröffentlichen wir nicht, um Werbung für Missio Österreich zu machen, sondern um Werbung für das Bittgebet insgesamt zu machen. Beten kommt von bitten und heißt, dass wir von Gott Hilfe und Rettung erbitten sollen. Unsere Glaubensschwäche besteht darin, dass wir Gott nichts mehr zutrauen. Die berühmte Parole

„Wir schaffen das“ mag als politischer Motivationsspruch berechtigt sein. Unser Glaube an Christus lehrt uns, dass er dringend mit dem Zusatz ergänzt werden sollte: „mit Gottes Hilfe“! Dieses Buch zeigt, dass Gott tatsächlich auf unsere Bitten „reagiert“.

Doch wie ist das zu erklären, dass nicht alle Bitten erhört werden? Erfolgreiches Bittgebet erfordert nach dem Zeugnis der Evangelien Kühnheit: Jesus sagt wörtlich: „Der Vater wird euch alles geben, um was ihr in meinem Namen bittet“ (Johannes 15,16). Und er verspricht, wiederum wörtlich: „Alles, worum ihr in meinem Namen bittet, werde ich tun“ (Johannes 14,13). Erfolgreiches Bittgebet erfordert aber auch Lauterkeit. Ein Gebet um einen Lottogewinn ist nicht lauter. Der Apostel Jakobus motiviert die ersten Christen zum Bittgebet, und er mahnt sie zugleich: „Ihr erhaltet nichts, weil ihr nicht bittet. Ihr bittet und empfangt doch nichts, weil ihr in böser Absicht bittet, um es in eurer Leidenschaft zu verschwenden“ (Jakobusbrief 4,2-3). Fruchtbares Gebet fordert die Haltung des „reinen Herzens“, der Selbstlosigkeit. Darum sind Bitten „für andere“, also „Für-bitten“ im eigentlichsten Sinn, die wertvollste Form des Bittgebetes.

Schließlich erfordert erfolgreiches Bittgebet auch eine gewisse Beharrlichkeit, ja Sturheit. Jesus erzählt dazu etliche Gleichnisse, dass wir Gott regelrecht bedrängen sollen. Etwa im Gleichnis vom bittenden Freund in der Nacht (Lukas 11,5-13) und vom gottlosen Richter (Lukas 18,1-8). Offensichtlich möchte Gott unser Vertrauen: Vertrauen, das so stark ist, dass es sich sogar traut, Gott „auf die Nerven zu gehen“ und den Mut hat, unverzagt wieder und wieder anzuklopfen. Und schließlich gibt es eine Grundregel des christlichen Gebetes, die Jesus nicht nur gelehrt, sondern auch vorgelebt hat. Die Vater-Unser-Bitte „Dein Wille geschehe“ ist Grundlage seines eigenen Gebetes in der dramatischen Stunde des Ölbergs: „Nicht mein, sondern Dein Wille geschehe!“ (Lukas 22,42). Man kann aus dieser Situation ableiten: Jeder Christ kann um Kühnes, Verwegenes und sogar Irres bitten, wenn er es nur in der Haltung Jesu tut: „Aber nicht, was ich will, sondern was du willst (soll geschehen)“ (Markus 14,36). Jesus bittet in der Todesangst um seine Verschonung. Eine Bitte, die der Vater gar nicht in diesem Sinn erhören kann, weil der Sohn ja eben um der Hingabe seiner selbst willen in die Welt gekommen ist ...

Wenn ein Christ mit dieser Grundhaltung betet: „Dein Wille geschehe", dann ist sichergestellt, dass er Gott nicht zu einem Getränkeautomaten degradiert, wo man oben ein Bittgebet einwirft und unten dann die Erhörung herausrollt. Auch mir persönlich ist das in diesem Corona-Jahr mehrfach passiert: Ich habe seit März 2020 immer intensiv gebetet, dass mein Team von Missio-Österreich von einer Corona-Infektion verschont bleiben möge. Und dann erkrankten ab November 2020 zuerst die eine und die andere Mitarbeiterin, und schließlich Anfang Februar 2021 auch ich selbst und eine ganze Reihe von Personen aus unserem Team. Hat die Muttergottes, der ich mein Gebetsanliegen besonders anvertraut hatte, „versagt"? Hat Gott meine Bitte nicht erhört? Ja, er hat sie nicht in dem konkreten Sinn erhört, wie ich sie ihm vorgelegt habe. Aber er hat sie in einem anderen und sogar besseren Sinn erhört. Heute wage ich zu sagen, dass es ein himmlischer Plan war, dass wir diese Reihe von Infektionsfällen hatten, die durchwegs mild verlaufen sind. Dass viele von uns danach immunisiert waren, hat uns psychologisch entlastet und für die Fortsetzung unserer Arbeit für die Weltmission motiviert. Und den Kern meines Betens hat Gott auf jeden Fall erhört: Denn um die Verschonung vor Corona habe ich ja gebeten, damit wir unsere Arbeit für die Ärmsten der Armen nicht einstellen müssen. Und so war es auch: Briefe, Emails, Spendenaussendungen usw., all das konnte fortgesetzt werden. Und das größte Wunder war, dass die Gläubigen nicht aufgehört haben zu spenden.

Aber es gibt definitiv auch Bitten, bei denen wir das Gefühl haben, ungehört zu bleiben. Wie sehr habe ich gebetet, als mein Vater die Diagnose bekam, dass er Krebs hat. Mein Vater ist gläubig, meine Mutter ist gläubig, meine Familie ... wir alle haben gebetet. Das ständige Auf-und-Ab im Krankheitsverlauf meines Vaters war eine Glaubensprüfung besonderer Art für mich. Schließlich schien es, als ob alles Beten vergeblich gewesen war, als mein Vater nach drei Jahren des Ringens mit dem Krebs starb. Hilft Gott? Ja, aber nicht immer so, wie wir das wollen. Auch wenn wir Gutes für andere wollen. Der Glaube vieler Menschen wird durch solche (scheinbar) unerhörten Gebete geprüft und geläutert. Auch der meine. Das letzte Heil, das Gott uns schenken möchte, ist ja nicht ein nie-endendes Leben auf Erden, sondern eine ganze Ewigkeit in der Gemeinschaft mit ihm. Das Sterben, das zu unserer menschlichen Natur gehört, verschiebt Gott wohl nur dann, wenn es zu unserem höheren Heil dient, entfliehen kann dem Tod niemand. Letztlich bleibt alles Geheimnis, denn Gottes Wille ist unfasslich und heilig. Wenn ich heute im Glauben spekuliere, warum mein Vater so früh gehen musste, dann vielleicht deshalb, weil er jetzt bei Gott Fürsprecher für mich sein kann. Aber das ist gewagt und die Logik Gottes ist eine andere als die unsere. So bleibt hinter jeder nicht erhörten Bitte zumindest die Anfrage an unser eigenes Ich mit seinen Wünschen und Sehnsüchten, ob wir es wirklich ernst meinen mit unserem Vertrauen auf Gott, wenn wir ihn bitten: „Dein Wille geschehe!"

HILFT MIR GOTT?

In dem, was wir hier bei Missio an Gebetserhörungen erleben durften, sehe ich eine klare Bestätigung dessen, was die Kirche vom Bittgebet glaubt. Man kann diese Glaubenswahrheit in drei Fragen und Antworten ausdrücken:

1. Frage: Erhört Gott unsere Gebete *immer*? Ja!
2. Frage: Erhört Gott unsere Gebete immer *wie wir es wollen*? Nein!
3. Frage: Wie erhört Gott unsere Gebete? Immer so wie es für unser Heil am besten ist!

Den Spruch „Not lehrt beten" liebe ich nicht. Denn er vereinfacht den menschlichen Zugang zum Bittgebet auf den Druck, der durch die Not entsteht. Er stimmt auch faktisch nicht. Es gibt Länder, in denen Christen beten auch ohne Armut, ohne Not und ohne Corona-Krise. Aber natürlich schafft eine Pandemie, wie wir sie gerade erlebt haben, einen psychologischen Druck, „sogar" bei Gott Hilfe zu suchen. Und es ist auch immer erlaubt, dass wir uns an Gott wenden, ja er lädt uns sogar dazu ein. Ich wünsche mir für die Kirche eine nachhaltige Erneuerung nach dem Motto: „Corona lehrt *bitten*". Wäre es nicht wichtig, dass wir Christen die Erfahrungen der Corona-Krise nützen, um wieder auf die geschichtsmächtige Wirklichkeit Gottes zu vertrauen?! Gott braucht unser Gebet wirklich nicht, da hat die abstrakt denkende Philosophie recht. Aber die Offenbarung sieht tiefer: Gott braucht nicht, aber er will brauchen! Er will unser vertrauensvolles Bitten brauchen, um alles zum Guten zu führen, weil er uns nicht als Knechte, sondern als Freunde sieht, für die er sein Leben hinzugeben bereit war.

Dieses Buch ist anstößig. Bitte lassen Sie sich ruhig provozieren! Wir von Missio Österreich sind dem ewigen Gott jedenfalls unendlich dankbar, dass er gerade in der Zeit einer nie dagewesenen Krise seine Fürsorge für uns so staunenswert gezeigt hat. In der Zeit einer weltweiten Seuche hat er uns eine Therapie unseres Kleinglaubens geschenkt. Hilft uns Gott? Ja, aber so, wie es für unser Heil am besten ist. Hilft uns Gott? Ja, wenn wir uns helfen lassen!

Pater Dr. Karl Wallner OCist
Nationaldirektor der Päpstlichen Missionswerke in Österreich

Wunderbare Gebetserhörungen in der Corona-Krise

Name geändert: überall dort, wo beim Namen ein Stern (*) steht. In sonstigen Fällen ist die Verwendung des richtigen Namens abgesprochen.

I. DAS GESCHENK EINES KINDES

Frau Stephanie berichtet: Wir wünschten uns schon seit etwa sieben Jahren ein Baby, aber alle Arztbesuche und natürliche Behandlungsmethoden blieben erfolglos. Hormontherapien und belastende künstliche Behandlungen lehnten wir aber ab. So vergingen die Jahre. Im April 2018 haben wir uns daher nach langem Überlegen für eine Adoption entschieden. Der Weg bis zu einer Adoption ist sehr langwierig und zeitaufwändig. Die meisten Menschen in Österreich haben davon eine völlig falsche Vorstellung. Vom ersten Anruf beim Verein „Eltern für Kinder Österreich“ (EFKÖ) bis zu dem Zeitpunkt, an dem wir überhaupt einmal die „Ausbildung“ für Adoptiveltern beginnen konnten, verging schon ein halbes Jahr. Erst Ende des Jahres 2018 gab es einen freien Platz, so groß war die Nachfrage.

Nach einem psychologischen Abschlussgespräch wurden unsere Unterlagen an das Referat für Pflegekinder und Adoption der Magistratsabteilung 11 geschickt. Hier wurde nochmals alles genau geprüft und wir mussten noch zusätzliche Unterlagen nachreichen: Unsere Lebensgeschichte verfassen, einen Stammbaum erstellen und einen vielseitigen Fragebogen beantworten. Schließlich erhielten wir Anfang März 2020 endlich den schriftlichen Bewilligungsbescheid: als Adoptiveltern waren wir für die nächsten 5 Jahre im Wartepool gelistet. Viele denken, dass es kein Problem sein könne, ein Kind zu adoptieren. Doch die Regelungen sind komplex und von Bundesland zu Bundesland unterschiedlich. Da es sehr viele Paare als Adoptionsbewerber gibt, aber nur sehr wenige Kinder zur Adoption freigegeben werden, sind die Chancen bei Inlandsadoptionen sehr gering. Wir beteten daher viel, dass Gott uns hoffentlich auf diese Weise ein Baby schenken möge. Wir fühlten uns dafür bereit.

Dann kam im März 2020 die Corona Pandemie. Lockdown und Kurzarbeit waren die Folge. Eine Situation, die es so in Österreich noch nie gegeben hatte. Wir feierten von Anfang an die Mittagsmesse von Missio über den Live-Stream mit und beteten, dass uns Gott doch ein Baby schenken möge.

Mitte April 2020 dann die große unerwartete Überraschung. Es kostete etwas Überwindung nach so vielen Jahren der Enttäuschungen einen Schwangerschaftstest zu machen. Aber tatsächlich: Wir waren schwanger! Anfangs konnten wir es nicht ganz glauben. Doch schon eine Woche später hielten wir das erste Ultraschallbild in unseren Händen.

Wir sind Gott für dieses Geschenk und seine Gnade so dankbar! Er ist das Leben und das Licht der Welt!

An jenem Tag schrieben wir eine E-Mail an Missio, mit einer Kurzfassung unserer Geschichte und dass wir Gott für diese Gnade einer Schwangerschaft danken! Wir erzählten noch niemandem sonst von der Schwangerschaft. Unser Dankgebet wurde überraschend sogar am Sonntag bei den Fürbitten vorgelesen, und rührte uns zu Tränen. Nachdem wir die freudige Nachricht von der Schwangerschaft nach dem dritten Monat unseren Eltern verkündet hatten, besuchten sie uns Mitte Juni in Wien. Wir fuhren nach Heiligenkreuz. Als wir bei unserem Kurzbesuch im Stift dann ausgerechnet noch Pater Karl Wallner getroffen haben, und er unsere Sarah im Mutterleib gesegnet hat, war dies für uns wieder eines der vielen Zeichen, das Jesus an uns gewirkt hat.

Der errechnete Geburtstermin war der 6. Dezember 2020. Und genau an jenem Tag um 21:25 Uhr konnten wir unsere Sarah Valentina Maria endlich in unsere Arme schließen. Sie sah uns mit ihren ruhigen Augen ganz neugierig immer abwechselnd an.

Eine Fügung war auch die „zufällige" Begegnung der werdenden Eltern mit Pater Karl im Stift Heiligenkreuz, nachdem sie von ihrem Glück erfahren hatten. So konnte er die kleine Sarah Valentina Maria auch gleich segnen.

Die Sehnsucht nach einem Baby und der Schmerz sind groß, wenn dieser Wunsch unerfüllt bleibt. Uns hat Gott dieses Geschenk gemacht. Wir möchten daher für all die Paare beten, die sich schon seit Jahren ein Baby wünschen, aber aus den unterschiedlichsten Gründen keines bekommen können. Wir möchten für jene Paare beten, dass Jesus ihnen beisteht und ihnen doch auf irgendeine Weise ein Baby schenken möge.

Der Weg einer Adoption darf kein gesellschaftliches Tabuthema mehr sein! Nachdem wir unsere Erfahrungen hinsichtlich einer Adoption gemacht haben, schmerzt es uns besonders, dass bei einer ungewollten Schwangerschaft eine Abtreibung überall offen und selbstverständlich angesprochen sowie als Fortschritt hingestellt und angepriesen wird, während die Schwangeren nicht über die Möglichkeit einer Adoption informiert werden. Wir möchten daher auch für alle Frauen beten, die sich in einer so schwierigen Situation befinden und ihr Baby daher nicht behalten können: Mögen sie den starken Mut haben und ihr Baby dennoch auf die Welt bringen. Wenn sie ihrem Baby das Leben schenken und sich für den Weg der Freigabe zur Adoption entscheiden, geben sie anderen Paaren die Chance, ihren sehnlichsten Wunsch nach einem Kind zu erfüllen.

2. SIE LAG SCHON IM STERBEN!

Frau Monika lebt in Deutschland und feiert immer treu die Mittagsmesse von Missio über K-TV mit.

Eines Tages erfuhr Monika, dass ihre Schwester – laut Arztbefund – im Sterben lag. Monika war mit ihr sehr verbunden, und so war ihr bewusst: Sie muss das Leben ihrer Schwester in die Hand Gottes legen. Ob Leben oder Sterben – alles wollte sie seinem weisen Ratschluss anvertrauen. Der Gedanke, dass Gott auf alle Fälle mit ihrer Schwester ist, gab ihr viel Ruhe. Sie schrieb auch eine Fürbitte an Missio Österreich, um das Vertrauen in die Vorsehung Gottes nochmal zu unterstreichen. Sie schrieb:

> *Bitte für meine Schwester. Sie liegt im Sterben. Ich bitte um Heilung oder – wenn der liebe Gott sie schon bei sich haben möchte – um eine gesegnete Sterbestunde.*

Wir beteten für die Schwester von Monika und legten ihr Anliegen auf den Altar. Schon paar Tage später bekamen wir eine wunderbare Nachricht: Frau Monika konnte erleben, dass Gott der Herr über Leben und Tod ist. Denn ihre Schwester wurde nicht nur gesund, sondern sie konnte sich auch recht bald wieder selber zuhause versorgen. Frau Monika war sehr dankbar – offenbar hat Gott noch einen Plan mit ihrer Schwester – und auch mit ihr!

3. EINE SCHWERE OPERATION

Der zehnjährige Johannes* war schon immer ein fröhlicher Junge. Auf den ersten Blick ein ganz normaler Bub: Etwas lebhaft, aber jederzeit hilfsbereit und allseits beliebt, sowohl bei seinen Lehrern wie auch bei seinen Freunden.

Doch, wer Johannes näher kannte, merkte bald, dass er nicht so schnell laufen konnte, öfters Atemnot bekam und sich manchmal hinsetzen musste, da sein ganzer Körper zitterte. Johannes hatte Herzprobleme, die immer gravierender wurden.

Er litt wohl schon seit seiner Geburt darunter. Die Familie war allerdings lange nicht dazu bereit, sich diesem Thema zu stellen oder die Möglichkeit einer Operation in Erwägung zu ziehen. Vor allem deshalb nicht, weil die Liste der damit verbundenen Risiken sehr lang, die Rekonvaleszenz langwierig und die Operation selbst gefährlich und schmerzhaft war. In vielen Fällen waren ähnliche Eingriffe nicht erfolgreich, weshalb Ärzte oft von einer Operation abgeraten haben.

Selbst die Ärzte von Johannes waren sich jahrelang nicht einig, ob man dem Kleinen einen derartig schweren Angriff zumuten kann und soll.

Doch: Johannes ging es immer schlechter. Nun wurde die Operation lebensnotwendig.

Die Familie von Johannes ist nicht gläubig. Aber einer seiner Schulfreunde erfuhr von der bevorstehenden Operation und überredete seine Großeltern, eine Fürbitte an Missio Österreich zu schicken. In der heiligen Messe wurde die Fürbitte vorgetragen und wir baten Gott, Er möge allen Ärzten beistehen und der Familie Zuversicht schenken, dass alles gut gehen wird.

Die Operation von Johannes war einzigartig: Nicht nur, dass der Eingriff sehr gut verlief, hatte der Bub auch danach keine Beschwerden und durfte schon sehr bald wieder nach Hause, wo ihn die Familie sehnsuchtsvoll erwartete.

Mittlerweile ist Johannes ganz gesund: er läuft, spielt und lacht wie ein jeder seiner Freunde. Das Herz ist kein Thema mehr bei ihm – der Schmerz ist vorbei und nur manchmal hört Johannes erstaunt, wie schön und gleichmäßig sein Herz klopft.

4. WIR SCHIMPFEN NICHT MEHR

Ein älteres Ehepaar konnte nicht einsehen, weshalb es verboten sein sollte, während des ersten Lockdowns in die Kirche zu gehen. Sie waren gewohnt, jeden Sonntag pünktlich um 12 Uhr mittags die Heilige Messe zu feiern und danach in der Stammrunde kurz zu plaudern. Da ihnen dies auf einmal nicht mehr möglich war, verwandelte sich der gewohnte Kirchgang nun in ein allsonntägliches Schimpfen über die Kirchenpolitik in der Corona-Zeit. Es wurde zum häufigsten Thema beim Mittagessen! Kaum merkten es die Eheleute, wurden ihre Herzen schwer und sie konnten – trotz der Online-Mittagsmesse von Missio – keinen Frieden mehr im Gebet finden. Sie blieben aber der Heiligen

Messe treu und schauten jeden Tag zu – gleichwohl bedauernd, dass sie sie nicht mehr in ihrer Kirche feiern konnten.

Eines Tages sprach Pater Karl in der Predigt über den geschuldeten Gehorsam gegenüber unseren Bischöfen und die geistliche Dimension der Kirche. Er sagte unter anderem, dass wir diese „dürre Zeit" als Chance sehen sollten, unsere Beziehung zu Gott zu vertiefen und nicht über unsere Hirten schimpfen dürfen. Diese deutlichen Worte haben die Gesinnung des Ehepaars verwandelt, denn sie fühlten sich persönlich davon angesprochen und wussten: Sie selber sind wohl mit der Aussage gemeint. Auch wenn Pater Karl tausende Kilometer von ihnen entfernt war und sie gar nicht kannte – dieses Wort galt für sie. Die Eheleute schauten sich gegenseitig an: Es wurde ihnen klar, dass sie in dieser Predigt die Antwort auf ihre stille Frage gefunden hatten. Sie wussten, warum sie keinen Frieden im Herzen fanden, warum sie nicht wirklich beten konnten. Die Antwort lautete: Sie müssen aufhören zu schimpfen, sie müssen Jesus neu in der Kirche lieben lernen!

Die Eheleute nahmen sich also vor, dieser Erkenntnis entsprechend zu leben und sich tatsächlich auf Jesus zu konzentrieren. Beim Mittagessen ermahnten sie sich gegenseitig, sobald nur einer mit kritischen Anmerkungen begann. Recht bald merkten sie auch, wie der Friede wieder in ihre Herzen einkehrte. Endlich konnten sie wieder beten. Endlich waren sie wieder liebevoll zueinander, endlich konnten sie der Heiligen Messe nicht nur zuschauen, sondern sie auch von Herzen mitfeiern.

5. VERSÖHNUNG NACH 20 JAHREN

Herr Josef* aus Wiener Neustadt sprach über 20 Jahre lang nicht mit der eigenen Schwester. Die Geschwister hatten sich wegen des Familienerbes zerstritten und keiner von den beiden schaffte den Schritt hin zur Versöhnung. Josef war immer schon ein gläubiger

Mensch, ebenso seine Schwester, doch in diesem Punkt waren die Vorwürfe und die gegenseitigen Enttäuschungen zu groß, um sie einfach wegstecken zu können.

Sowohl er als auch seine Schwester feierten – unabhängig voneinander – die Mittagsmesse bei Missio Österreich mit und jeder bemühte sich um ein christliches Leben. Im Laufe der letzten 20 Jahre hatten sie sich an die zerrüttete Situation gewöhnt und versuchten nicht einmal mehr, die Dinge zu ändern. Da sie weit voneinander entfernt lebten, fehlte es ihnen auch nicht sonderlich, dass sie keinen Kontakt zueinander hatten.

Doch: Eines Tages kam Pater Karl bei seiner Predigt auf das Thema der Versöhnung zu sprechen. Es wurde auch eine Fürbitte um die Beendigung von Familien-Streitigkeiten vorgelesen. Pater Karl erwähnte, wie schlimm es sei, wenn Familienangehörige nicht mehr miteinander sprechen wollen, denn der Streit verhärtet die Herzen und macht zur Liebe unfähig. Sowohl Josef als auch seine Schwester spürten zur gleichen Zeit und doch hunderte Kilometer voneinander entfernt, dass sie nicht mehr die Heilige Messe mitfeiern können, ohne miteinander Frieden zu schließen. Unabhängig voneinander beschlossen sie also, sich gegenseitig anzurufen und um Verzeihung zu bitten. Josef rief anschließend bei Missio an und erzählte:

> *Sie wissen gar nicht, was für ein Gefühl das ist, nach 20 Jahren wieder die Stimme der eigenen Schwester zu hören. Wir sind uns sicher – auch wenn wir schon alt sind – wir möchten dieses Leben, was uns noch davon geblieben ist, in Eintracht und im Frieden verbringen. Wir brauchen einander.*

6. VOM MANN VERLASSEN – UND DOCH IM FRIEDEN

Frau Elfriede ist 72 Jahre alt. Sie war bereits 49 Jahre verheiratet, als ihr Mann von einem Tag auf den anderen zu ihr sagte, dass er jemand anderen gefunden habe und Elfriede ausziehen müsse. Nach so vielen Ehejahren musste sie zusehen, wie eine 40 Jahre jüngere Frau in die gemeinsame Wohnung einzog. Das Haus hatte Frau Elfriede mit ihrem Mann gemeinsam gebaut und alles dafür aufgegeben, damit sie dort einmal zusammen ihren Lebensabend verbringen könnten. Nun musste sie weg, in eine kleine Wohnung, ohne eine eigene Pension – da sie immer alles für die Familie aufgegeben hatte. Von den 10 Kindern hatten nur noch zwei Kontakt zu ihr, die anderen waren zu beschäftigt und meldeten sich nur gelegentlich.

Elfriede war lange Zeit sehr verbittert und konnte die Geschehnisse in ihrem Leben nicht einordnen. Warum ließ Gott das alles zu? Was hatte sie nur verbrochen? Besonders in der Corona-Zeit beschäftigten sie diese Fragen. Da sie auch nicht hinausgehen durfte, wirkte die kleine Wohnung noch bedrückender auf sie. Obwohl Elfriede sehr ungern den Fernseher einschaltet, dachte sie, bevor sie vor Trauer stirbt, schaut sie lieber ein bisschen fern. So entdeckte sie zufällig auf K-TV die Mittagsmesse von Missio Österreich. Je länger sie während der heiligen Messe einfach zuschaute, umso mehr wurde ihr bewusst, dass ihr schon so vieles in ihrem Leben geschenkt wurde. Sie war dafür dankbar und erkannte auf einmal, dass sie nun selbst etwas geben musste. Sie sagte:

Bei eurer Messe habe ich einfach den Frieden gefunden.

Obwohl sie selber nicht viel hatte, nahm sie sich vor, zu sparen und einen kleinen Betrag für das geplante Sankt Karl Borromäus-Spital in Mozambique zu spenden. Elfriede entdeckte, dass sie – trotz allem, was ihr im Leben zugestoßen war – von Gott geliebt, angenommen und erwartet wird. Und dass sie nicht alleine ist – denn die geistliche

Gemeinschaft, die sich um die „Fernsehmesse" von Missio gebildet hat, wurde zu ihrer Familie.

7. DIE PRÜFUNG TOP BESTANDEN!

Barbara-Sophie ist in der Schönstatt-Mädchen-Jugend als sogenannte Trägerin tätig und auch sonst eine sehr fleißige Ministrantin, auf die man sich verlassen kann – sie ist sogar Oberministrantin in der Jugendleiterrunde geworden! Doch selbst diese Aufgabe fällt ihr oft leichter als die Prüfungen, die sie ablegen muss. So wurde auch die Prüfung der Mittleren Reife, über mehrere Wochen verteilt, eine große Herausforderung für sie.

Die fleißige Ministrantin wusste, dass sie diese Prüfung nicht ohne Gebet schaffen würde. Am ersten Tag – es war das Deutschreferat – stand sie früher auf und schaute sich die Aufzeichnung der Kindermesse von Missio Österreich auf YouTube an. Sie berichtet:

Ich war danach so motiviert, dass mein Referat eine Eins wurde!

Sie erhielt dadurch die Zuversicht, dass sie die weiteren Examina auch schaffen würde. Am Vortag vor jeder weiteren Prüfung ging sie mit ihrer Oma und ihren Geschwistern in die Heilige Messe. Die Lernzeit auch für das Gebet zu verwenden, war ihr nicht zu schade. Sie reduzierte alle Ablenkungen: Handykonsum, Fernsehen ... Aber die heilige Messe von Missio Österreich war ein Muss! An jedem Tag ihrer Prüfungen betete die Oma für sie auch einen Rosenkranz. Sie schrieb auch eine Bitte um Gebetsunterstützung an Missio Österreich.

Barbara-Sophie ist sich sicher: Die Fürbitte und das Gebet haben ihr geholfen, ihre Prüfungen bestens zu bestehen! Sie durfte recht bald eine neue Ausbildung beginnen und – obwohl diese sehr anspruchsvoll ist – bemüht sie sich, auch hierbei das Gebet nicht zu vergessen – denn nun kennt sie den besonderen Wert des Gebetes.

Barbara-Sophie ist überzeugt, dass Gott ihr bei den Prüfungen geholfen hat und lädt alle Kinder und Jugendlichen ein, gut zu lernen, und dann aber auch vor jeder Prüfung und Schularbeit zu beten.

8. EIN ESEL UND EIN UNFALL

Die kleine Klara* war eine fleißige Zuseherin bei der Mittagsmesse. Obwohl es am Anfang der Corona-Pandemie noch keine Kindermessen bei Missio Österreich gab, feierte die Achtjährige jeden Tag auf Livestream die „normale" Mittagsmesse bei Missio mit. Sie versuchte, sich die Lieder zu merken, mitzusingen und den Predigten aufmerksam zuzuhören – und es gefiel ihr recht gut!

Als Pater Karl einen Malwettbewerb für den schönsten Esel ansagte, stürmte sie auf ihr Zimmer und suchte nach Buntstiften und Papier. Sie wollte ihre Zeichnung gleich als erste abschicken, damit sie nicht etwa unter vielen anderen Einsendungen verloren ginge. Wie groß war dann die Freude, als sie ein paar Tage später hörte, dass nun jedes Kind einen Esel bekommen würde. Gespannt wartete sie jeden Tag auf den Postboten. Sogar ihr Home-Schooling verbrachte sie die meiste Zeit auf dem Fensterbrett, um nur ja nicht den Postboten zu verpassen. Und endlich wurde er geliefert: der Missio-Esel Eli. Da ihr der Name nicht gefiel, nannte sie ihren Esel Franziskus – nach dem Papst, weil er ja auch die Lasten der Kirche trägt.

Doch die Freude dauerte nicht lange. Zwei Tage später lief Klara mit ihrem Stoffesel über die Straße und erlitt einen schweren Unfall mit einer Kopfverletzung. Sie schwebte in Lebensgefahr. Sofort wurde Klara ins Krankenhaus eingeliefert und notoperiert. Für die Eltern war es ein großer Schock. Sie wussten aber, dass das Gebet nicht nur in guten Zeiten hilft, wenn sie sich zur Mittagsmesse versammeln, sondern mehr noch in den schlechten Zeiten, sie müssten nur darauf vertrauen. So schrieben sie eine Fürbitte an Missio Österreich:

Wir bitten für eine treue kleine Zuseherin, die ganz dringend Hilfe braucht …

Nicht einmal zwei Tage dauerte es, bis Klara aus dem Koma wieder erwachte. Eine ihrer ersten Fragen lautete: Wo ist denn der Esel?

Klaras Mama schrieb erleichtert gleich an Missio Österreich, um sich bei Pater Karl für die Gebete zu bedanken, denn die Kleine konnte recht schnell wieder nach Hause entlassen werden:

> *Dank den vielen, vielen Betern ist unsere Kleine wieder zuhause und hat fast keine Schmerzen mehr!*

Pater Karl las die Gebetserhörung sogar laut vor. Nur mit einer Formulierung war die kleine Klara gar nicht glücklich. Sie sagte: „Mama, ich habe ja gar keine Zeit für Schmerzen. Ich muss dem Franziskus sein neues Zuhause zeigen. Wir sind vor meinem Unfall erst mit dem ersten Zimmer fertig geworden!".

9. WIE NEU GEBOREN

Frau Gertraud ist eine fromme und treue Katholikin. Ihren Lebensweg ging sie an der Hand des Herrn, doch seit einiger Zeit merkte sie, dass sie etwas bedrückte. Irgendwas in ihrem Herzen machte sie traurig, weckte Vorwürfe, ließ Zweifel aufkommen. Lange Zeit überlegte sie, was das denn sein könne, erkannte aber keinen Grund. In ihr wurde es immer dunkler und dunkler. Und dann kamen Corona, der Lockdown und die Einsamkeit. Und sie dachte: „Bislang war es schon schwer genug! Was soll ich jetzt nur sagen?"

Die Heilige Messe ließ sie sich aber nicht entgehen. Sobald sie erfuhr, dass es eine auf K-TV und auf Livestream übertragene Eucharistiefeier bei Missio Österreich gibt, schaute sie jeden Tag zu.

In einer dieser Messen warf Pater Karl die Frage auf: „Wie kommen wir jetzt in dieser schweren Zeit, die aber immer noch eine Osterzeit ist, zur Vergebung der Sünden?" „Ja, das stimmt", dachte sich Gertraud – „die Osterbeichte steht auch noch aus. Nur wie?". Pater Karl schlug in seiner Antwort die Erweckung der vollkommenen Reue vor. Sofort nach der Heiligen Messe rief Frau Gertraud bei Missio Österreich an und bestellte die von Pater Karl verfasste „Einleitung zur vollkommenen Reue“. Sie schrieb dann: „So wurde die Zeit des Lockdowns für mich zu einer Gnadenzeit.“ Wieder und wieder las sie die Einleitung und lernte, in der Stille des persönlichen Gebets das eigene Herz zu prüfen. Plötzlich fand sie dort in ihrem eigenen Herzen einen Dorn, der sie so sehr schmerzte: Ja, es gab da jemanden, der ihr ein großes Leid angetan hatte. Frau Gertraud wusste: Diesem Menschen sollte sie vergeben. Sie wusste aber auch: Sie selber ist auch nur ein sündiger Mensch und auch nicht vollkommen.

Sie beschloss also zu handeln, wie Gott an ihr gehandelt hatte: „Jesus, du hast mir während der langen, schwierigen Zeit nie deine Liebe entzogen. Mach mich frei von Vorwürfen und Traurigkeit“.

Jesus hörte ihre Bitte. Nachdem sie vollkommene Reue empfand und später auch noch die Beichte bei einem Priester nachholen konnte, war es Frau Gertraud möglich, diesem einen Menschen aus ganzem Herzen zu vergeben. Danach fühlte sie sich wie neugeboren und konnte zurückkehren zu einem erfüllten Leben aus dem Glauben.

10. ICH BAT UM GUTE PREDIGTEN

Frau Christine berichtet:
Ich lebe seit über 50 Jahren in Norwegen. Gott hat in meinem Leben schon immer eine Rolle gespielt; seit der Studienzeit in Innsbruck jedoch eine bewusste Rolle. Als frisch ausgebildete Physiotherapeutin kam ich in Oslo an, und fand am nächsten Tag die katholische Domkirche. Kurze Zeit später entdeckte ich die Kirche der Dominikaner, die auf dem Weg zwischen Unterkunft und der Arbeitsstelle lag. Ich konnte genug Norwegisch, um den Predigten der französischen und norwegischen Brüder folgen zu können.

Als ich ein paar Jahre später, nun verheiratet, in eine Gemeinde außerhalb Oslos zog, fuhr ich weiterhin in eine der mir bekannten Kirchen, auch nach der Geburt unserer beiden Kinder. Sie durften die katholische Schule in Oslo besuchen, und da gingen wir meist in die neue moderne Kirche der Franziskaner; diese kamen aus den Niederlanden, die guten Predigten hielten an.

In der Zwischenzeit wurde die Pfarrkirche in unserer Nachbargemeinde, der ich ja seit 1972 angehöre, neu und grösser erbaut wegen der vielen vietnamesischen Bootsflüchtlinge im Jahr 1988. Unser Chor wurde gegründet, in dem ich alle Jahre mitgesungen habe, mit viel Liebe, und mit großer Begeisterung. Unsere Dirigentin aus Würzburg trug sehr zu einer schönen Liturgie bei. In den letzten zwölf Jahren sank allerdings die Qualität der Predigten so stark ab, dass ich mehrmals im Monat zur Klosterkirche der Dominikanerinnen nach Oslo fuhr und meinen Chor öfter im Stich ließ.

Dies war die Situation im März 2020, und dann wurde alles anders. Wie ich die Mittagsmesse bei Missio mit Pater Karl entdeckte? Ich erinnere mich nicht, „es fiel mir zu“ – könnte sein durch die Montagsmesse im Stift Heiligenkreuz, auf die ich ebenfalls sehr „zufällig“ gestoßen bin. Ich weiß es einfach nicht mehr. Die Messe und besonders die Predigten begeisterten mich von Tag eins: ein Priester mit Charisma, auch mit Temperament, Fähigkeiten in Rhetorik, alten Sprachen, mit einem offenen Lächeln, viel Persönlichkeit, und noch vieles mehr. Ein riesengroßes Erlebnis in einer Zeit, wo in Norwegen noch nach Lösungen gesucht wurde, und man mit online-Messen keinerlei Übung hatte. Diese glänzenden Predigten durfte ich in meiner Muttersprache hören, nicht einfach nur deutsch, sondern mit dem typischen Klang aus Österreich. Und das nicht nur sonntags, sondern jeden Tag, und außerdem „frei Haus“! An den ersten Tagen kamen mir jedes Mal die Tränen, weil ich die Messe nach über 50 Jahren wieder auf österreichisch-deutsch feiern durfte, auch einige bekannte Lieder mitsingen konnte, die ich vom Gebetskreis her kannte!

Wie ich sagte, hatte ich nicht darum gebetet, jedoch einige Monate vorher damit angefangen, eine „Intend-Liste“ (auf Deutsch: Wunschliste) zu schreiben, die ständig wuchs, weil mir immer mehr Herzenswünsche einfielen; Zum Beispiel Nummer 32: *I intend to be listening to excellent sermons.* Mit großer Zuversicht vertraute ich darauf, dass dieser Wunsch irgendwann einmal in Erfüllung gehen würde. Wahrscheinlich würden wir einmal einen neuen Pfarrer, der besser predigt, bekommen, oder ich würde den Chor verlassen, um wieder in Oslo bei den Dominikanerinnen in die Kirche zu gehen.

(Der Grund, dass ich diese Liste auf Englisch schrieb, ist die einfache Formulierung *„I intend"* – auf Deutsch oder Norwegisch braucht man mehr Worte. Noch ein paar Wünsche sind dazu gekommen, u. a. *I intend to enjoy the privilege of help in our house*, und *I intend to get all the sleep I need*, every night … Herzenswünsche eben).

Die Mittagsmesse mit den glänzenden Predigten: es war wie ein Wunder! Ich hatte mit viel Vertrauen und Zuversicht darauf gewartet, dass ich irgendwann einmal ausgezeichnete Predigten hören würde. Die Art, wie dies wahr wurde, ist mehr als ungewöhnlich.

Aber Gott ist ja bekannt dafür, dass Er alles auf Seine Weise macht, auch auf unsere Bitten anders antwortet, als wir uns vorstellen; nichts ist unmöglich für Ihn!

II. DIE TOCHTER BEGANN, NACH GOTT ZU FRAGEN

Frau Christine ist eine Mitbeterin bei der Gebetsbewegung „Gott kann" von Missio-Österreich und Mutter einer fast 20-jährigen Tochter. Aus medizinisch unbekannten Gründen leidet die Tochter seit mehreren Jahren an Panikattacken. Diese Zustände verschlimmern sich gewaltig, wenn die Tochter allein ist.

Im März 2020 erfuhr Christine mit Schrecken vom Beginn des Lockdowns. Sie konnte sich kaum vorstellen, ganz allein und auf sich gestellt die Zeit mit der Tochter durchzustehen, ohne sich allzu sehr von ihren Stimmungen überwältigen zu lassen.

Also begann sie, jeden Tag ein Gesätzchen vom Rosenkranz für die Tochter zu beten und alles Gott anzuvertrauen.

Mehrere Wochen traute sie sich nicht, von einer Gebetserhörung zu schreiben. Angespannt wartete sie darauf, ob und wann denn bei ihrer Tochter wieder eine Panikattacke auftreten würde. Es kam aber keine.

Stattdessen begann die Tochter mit ihr die Mittagsmesse zu feiern und Schritt für Schritt nach Gott zu fragen. Frau Christine gibt zu:

Sie ist noch mitten im Prozess. Ich bin aber dankbar, dass wir die Panikattacken bewältigt haben und bitte weiterhin ums Gebet. Gott kann.

12. DER VATER DARF DEN SOHN ENDLICH SEHEN!

Herr Markus* ließ sich im März scheiden. Der Bruch der Beziehung tat ihm sehr weh, noch mehr aber schmerzte es ihn, dass er nun seinen Sohn kaum noch sehen durfte. Die gerichtliche Entscheidung dazu fiel Anfang März. Theoretisch hätte er seinen Sohn alle paar Wochen sehen dürfen, aber dann kam der Lockdown, und die Sache war bereits entschieden: Nun konnte der Vater seinen Sohn nicht mehr sehen.

Verzweifelt erzählte Markus seinem Freund Philipp* davon. Dieser war ein ehemaliger Muslim, der zu Christus gefunden hatte und nun treu die Mittagsmesse von Missio mitfeierte. Philipp sprach ihm Mut zu: „Es ist menschlich, dass wir nichts mehr machen können. Aber Jesus kann alles!" Philipp schrieb auch an Missio Österreich, dass man doch für Markus und seinen Sohn eine Fürbitte einlegen solle, denn mittlerweile waren bereits zwei Monate vergangen, seitdem sich Vater und Sohn das letzte Mal gesehen hatten. – „Aber es ist doch sein Vater!"

Die Fürbitte wurde vorgelesen und paar Tage später schrieb uns Philipp:

„Ich danke euch von Herzen für euer Gebet! Nun ist entschieden worden, dass Markus seinen Sohn sehen darf! Ich bin so erfreut, dass unsere Bitte erhört wurde!"

13. JETZT DARF SIE HEIRATEN

Sofia ist gebürtige Ecuadorianerin. Sie arbeitet bei der UNO. Vor acht Jahren lernte sie ihren österreichischen Freund Konstantin während eines Studienaufenthalts in den USA kennen. Als Konstantin nach Wien zurückkehrte, bewarb sich Sophia um einen Posten bei der UNO in Wien, um in der Nähe ihres Freundes zu sein. Es klappte. Sophia kam nach Wien, verlobte sich mit Konstantin und arbeitete in der UNO City. Doch nach einiger Zeit musste sie wieder nach Ecuador reisen, um einen neuen Arbeitsvertrag mit der UNO auszuhandeln. Sie wollte die Zeit in ihrer Heimat vor allem auch für die Vorbereitungen ihrer Hochzeit nützen, was ihr viel Freude bereitete. Der Abschluss eines neuen Arbeitsvertrages verzögerte sich jedoch immer mehr. Schließlich blieb sie sieben Monate in Ecuador.

Von einem Tag auf den anderen erreichte die Corona-Krise auch Ecuador. Sofia steckte in ihrer Heimat fest. Sie konnte weder die Hochzeit vorbereiten, noch ihren Verlobten sehen. Aber sie gab die Hoffnung auf ein Wiedersehen nicht auf.

Nach langen Recherchen im Internet fand sie eine Möglichkeit, nach Österreich auszureisen: und zwar mit einem Zwischenstopp in den USA. Sie war sich bewusst, dass die Zeit drängte, denn auch die Vereinigten Staaten planten bereits, die Grenzen dichtzumachen. So verbrachte Sophia 14 Tage in Washington, und wartete dort auf ihr Visum für Österreich. Die Zeit des Wartens schien ihr ewig lang. Auch ihr Verlobter und seine Familie warteten in Österreich voller Spannung auf Sophias Ankunft. Alle hofften und beteten fest, doch die Lage schien hoffnungslos. Auch bei Missio Österreich wurde eine Fürbitte für dieses Anliegen vorgelesen. Die künftige Schwiegermutter, Philippine, machte sich große Sorgen. Sie arbeitet ehrenamtlich bei Missio, daher wusste sie auch, dass in der „Licht-der-Völker-Kapelle“ jeden Donnerstag eine Anbetung stattfindet. So hörte sie auf den Rat einer Missio-Kollegin, die ihr sagte: „Geh zur Anbetung“. Als Philippine die Kapelle betrat, sah sie dort Schwester Johanna Datzreiter in einer Bank sitzen. Philippine setzte sich vor sie und schluchzte verzweifelt.

Da bemerkte Schwester Johanna die ehrenamtliche Mitarbeiterin und fragte sie, ob sie ihr helfen könne. Da sagte Philippine zu ihr: „Schwester, bitte beten Sie für Sofia, dass sie ihr Visum bekommt und ausreisen darf. Wir hätten sie schon so gerne bei uns in Wien!"

Drei Stunden später bekam Philippine einen fröhlichen Anruf: Ihre künftige Schwiegertochter hatte das Visum und durfte nun endlich nach Österreich kommen! Sophia kam überglücklich in Wien an. Bereits am nächsten Tag schlossen die Vereinigten Staaten ihre Grenzen, und niemand durfte mehr verreisen.

Später erzählte Philippine Schwester Johanna, dass ihr Gebet erhört wurde und bedankte sich bei der österreichischen Missionarin, die selbst viele Jahre in Liberia auf Mission war. Da erfuhr sie, dass Sophia genau zu jenem Zeitpunkt die Erlaubnis zum Reisen erteilt wurde, als Schwester Johanna ihre Anbetungszeit in der Missio-Kapelle beendet hatte.

14. ÜBERZEUGTE ATHEISTIN

Frau Susanne, Inhaberin einer großen Firma, war eine überzeugte Atheistin. Sie sagte öfter, sie bräuchte „die Krücken einer Religion" nicht, um ihr Leben glücklich und erfolgreich zu gestalten. Sie schimpfte auch gerne über die kirchlichen Strukturen und Persönlichkeiten, am meisten über Priester.

Eine Freundin, die selber tief gläubig ist und die Mittagsmesse bei Missio noch vor der Corona-Krise öfters über das Fernsehen mitfeierte, schlug Frau Susanne im Rahmen eines Ausflugs eine – Gott bewahre! – Klosterführung vor. Überraschenderweise war Frau Susanne der Idee gar nicht so sehr abgeneigt, obwohl sie natürlich von so einer Lebensform nicht viel hielt. So fuhren die beiden Freundinnen nach Heiligenkreuz im Wienerwald, wo Pater Karl ihnen eine Klosterführung gab. Die anfängliche Skepsis verlor mit jedem Wort des Priesters ihre Berechtigung. Susanne war tief berührt von dem, was Pater Karl erzählte und änderte nach und nach ihre Einstellung Priestern gegenüber.

Kurz danach erkrankte sie schwer an Krebs. Bald stellte sich auch heraus, dass dieser schon gestreut hatte und rasch voranschritt. Sie bekam von ihrer Freundin ein Andachtsbildchen und empfing die Krankensalbung. Im April, mitten in der Pandemie, verließ Frau Susanne für immer die Welt. Ihre Freundin war überzeugt, dass die Begegnung im Stift fundamental für Susannas letzte Stunden war: Schließlich war sie nicht im Hass gestorben. So dürfen wir hoffen, dass sie von Gott in seine liebenden Arme aufgenommen wurde.

15. EINE GLÜCKLICHE GEBURT

Frau Marie-Therese lebt seit vielen Jahren in Portugal. Von dort aus verfolgt sie gerne die Mittagsmesse von Missio. Oft war sie während der heiligen Messe etwas bedrückt, denn ihre Familie ist weit weg und auf verschiedene Länder zerstreut. Während der Corona-Krise machte sie sich besonders viele Sorgen – jetzt konnte sie nicht einmal mehr ab und zu ihre Kinder sehen!

Wie groß war dann die Freude, als sie die Nachricht bekam, dass ihre Tochter nun endlich schwanger war!

Doch bald stellte sich heraus, dass die Schwangerschaft sehr kompliziert verlief und sowohl das Leben der Mutter wie auch das des Kindes in Gefahr waren. Frau Marie-Therese schickte uns eine Fürbitte:

Bitte, Jesus, lass das Kind glücklich auf die Welt kommen, du bist doch der Gott des Lebens!

Die Fürbitte wurde vorgebracht und die ganze Familie erwartete gespannt, wie sich die Dinge entwickeln würden. Die Schwangerschaft wurde weiterhin als „kompliziert“ eingestuft, doch eine innere Stimme sagte zu Marie-Therese: Alles wird gut. Es beten doch so viele für eine gute Geburt.

Ende Mai erreichte uns bei Missio eine freudige Nachricht. Die Hoffnung von Marie-Therese wurde nicht enttäuscht. Sie berichtete:

Nun kann ich schreiben: DANKE für die glückliche Geburt unserer Enkelin nach dieser schwierigen Schwangerschaft. Jetzt ist die nächste Tochter dran, auch mit Problemen, doch jetzt wissen wir: Jesus wird schon alles lösen!

16. DIESE ZEIT SCHWEISST UNS ZUSAMMEN

Katharina befand sich im Jahr ihres Schulabschlusses. Sie war schon immer ein nettes, hilfsbereites Mädchen, andererseits war sie auch sehr in sich gekehrt. Sie hatte deshalb nicht viele Freunde, und der Alltag in der Schule fiel ihr oft schwer.

Nun standen die Abschlussprüfungen bevor. Die ganze Familie betete, dass alle Prüfungen gut verlaufen mögen, doch das Mädchen tat sich in vielen Fächern schwer. Als der Stress immer größer wurde und die Prüfungen immer näher rückten, konnte sie sich schließlich gar nichts mehr merken. Und je weniger sie sich merken konnte, umso größer wurde der Stress. Vor allem fürchtete sie sich vor einem benoteten Gruppenprojekt. Es schien ihr eine unschaffbare Hürde.

Nun kam die Corona-Zeit. Für viele war die Zeit des Lockdowns sehr bedrückend. Es bedeutete eine große Einsamkeit und auf seine vier Wände beschränkt zu sein. Nirgends sah man einen Ausweg. Für Katharina hingegen wurden die von der Regierung verordneten Maßnahmen zur Rettung.

„Nach dem ersten Schock wussten wir, dass die Zeit der Pandemie uns geschenkt wurde, damit wir als Familie mehr Zeit miteinander verbringen. Sie schweißt uns zusammen, und wir vertiefen dabei unseren Glauben."

Dies schrieb ihre ältere Schwester an Missio Österreich.

Katharina durfte situationsbedingt nicht mehr in die Schule gehen und bekam rund um die Uhr „Privatunterricht" von Geschwistern, die sonst mit ihren eigenen Sachen beschäftigt waren und kaum Zeit füreinander hatten. Auf die Weise hatte Katharina eine intensive und vor allem längere Vorbereitungszeit auf ihre Abschlussprüfung. Zudem wurde das befürchtete Gruppenprojekt abgesagt. So erfuhr die Familie, dass ihre vielen Gebete erhört worden waren, Die Geschwister lernten augenblicklich, wie wichtig der Zusammenhalt ist, und sie fingen an, sich gegenseitig zu unterstützen. Sie sahen auf einmal die Not ihrer Schwester, die ihnen sonst mitten im beschäftigten Alltag nicht so leicht aufgefallen wäre.

Gestärkt und gut vorbereitet konnte Katharina ihre Prüfungen erfolgreich ablegen, wofür die ganze Familie dankbar ist.

17. ICH HABE EINE FAMILIE GEFUNDEN!

Frau Rosa verlor im Februar 2020 ihren über alles geliebten Mann. Nach diesem schweren Verlust fühlte sie sich nur noch einsam und allein. Sie hat ihren Lebenssinn auf einmal verloren. Die Wohnung kam ihr viel größer vor und auch viel stiller als sonst. Gott sei Dank traf sie sich immer noch mit ihren Freunden, Bekannten sowie mit der Familie. Das ließ sie die schwere Zeit irgendwie aushalten.

Doch dann kam der Corona-Lockdown. Als Risikoperson konnte und durfte sie sich mit niemandem treffen. „Was mache ich da bloß ganz allein?" – fragte sich Rosa immer wieder. Sie war verunsichert und suchte nach einer Antwort. Auf einmal wurde ihr bewusst: Wenn sie Trost finden würde, dann nur bei Gott.

Rosa war immer schon gläubig gewesen. In der letzten Zeit war sie aber so sehr mit ihren Freunden und Bekannten beschäftigt, dass sie nicht mehr oft mit Gott sprach. Sie wollte sich ablenken, doch eine Hilfe von oben nahm sie nicht an. Sie hatte Angst, dass sie nur noch mehr weinen müsse, wenn sie Zeit im Gebet verbrachte.

Jetzt aber kam die Zeit, in der jede menschliche Zuwendung auf einmal nicht mehr möglich war. So wandte sie sich erneut an Gott. Sie begann, über K-TV die heilige Messe von Missio Österreich mitzufeiern.

Mit der Zeit sah sie auch immer öfter die „Stunde der Seelsorge“ und fand dort viele Antworten auf ihre Fragen. Nach und nach spürte sie, wie sich der Schmerz in ihrem Herzen auflöste, denn es wurde ihr immer mehr bewusst: Nein, ich bin nicht allein. Ich bin Teil einer großen Gemeinde, deren Zentrum Jesus Christus selber ist.

Frau Rosa fand erneut einen Sinn in ihrem Leben: Sie fand Gott und auch die Gemeinschaft mit anderen Gläubigen.

18. MEIN PRIESTERSTUDENT WAR ZU WEIT WEG

Frau Katharina* hatte sich entschieden, bei Missio Österreich eine Priesterpatenschaft zu übernehmen. Sie rechnete davor alle Kosten sorgfältig zusammen und besprach die Sache mit ihrem Ehemann. Sie waren sich einig: Ja, wir möchten einen Seminaristen in Afrika auf seinem Weg hin zum Priestertum unterstützen.

Katharina ist gläubig und betet viel – deshalb hatte sie kein Problem damit, noch einen Priesterseminaristen in ihre alltäglichen Gebetsanliegen mit hineinzunehmen. Sie betete jeden Tag für ihn und vertraute seinen Lebensweg der Muttergottes an.

Doch mit der Zeit kamen in ihr Zweifel auf. Sie hörte in den Medien, dass wir in Europa großen Priestermangel haben, ja, dass sogar viele Priesterseminare mangels Berufungen ihre Pforten schließen müssen. Frau Katharina fühlte sich fast irgendwie schuldig. Sie fragte Gott, wieso sie einen Priesterseminaristen unterstützen solle, der so weit weg ist, wobei sie hier vor Ort nichts tun könne. Mit der Zeit wurde dieses bedrückende Ohnmachtsgefühl in ihr so stark, dass sie sich fast dazu entschied, ihre Priesterpatenschaft zu kündigen. Sie sagte zu Gott: „Ich bete treu mein Leben lang, ich habe junge Menschen in der Familie. Wieso muss ich jetzt einen Seminaristen unterstützen, der so weit weg ist? Gott, bitte, gib mir ein Zeichen, ob das überhaupt sinnvoll ist! Wenn du mir kein Zeichen gibst, werde ich die Priesterpatenschaft kündigen, denn für mich macht es keinen Sinn mehr."

Frau Katharina wartete eine Zeit lang, und sie kämpfte innerlich, denn sie wusste noch immer nicht, welche Entscheidung sie treffen sollte. Ihre Überlegungen und Gebete wurden aber jäh durch ein Telefonat ihres Neffen unterbrochen: „Hallo, Tante ... Ich muss dir was sagen ...". Frau Katharina kannte ihren Neffen und spürte sofort, dass er ihr etwas Wichtiges mitteilen wollte. Sie stellte sich schon alles Mögliche vor, nur mit dieser wunderbaren Nachricht hatte sie nicht gerechnet: „Tante, ich möchte Priester werden. Ich habe bereits alle Gespräche geführt. Ich gehe ins Priesterseminar. Ich will Menschen zu Jesus führen."

Frau Katharina spürte, wie sich ihre Augen mit Tränen füllten. Sie war so stolz auf ihren Neffen, und zugleich war es ihr ein wenig peinlich. Sie hatte sich so viele Gedanken gemacht, weil ihr Priesterstudent, den sie in Afrika über eine Missio-Patenschaft unterstützte, so weit weg war. Hingegen bereitete ihr Gott ein großes Geschenk in der eigenen Familie vor! Nun war sie sich sicher: Kein Gebet ist umsonst. Ihr innerer Kampf war auch nicht umsonst. Sie wusste: Diese Nachricht war das Zeichen, das Gott ihr geben wollte. Sie solle nicht mehr zweifeln, denn jede Berufung – ob hier oder in Afrika – ist ein besonderes Geschenk. Dafür konnte sie nur dankbar sein.

Nun betet Frau Katharina jeden Tag für zwei Berufungen: für die des Seminaristen aus Afrika und für die des eigenen Neffen.

19. EIN LICHTBLICK BEI DER HEILIGEN MESSE

Frau Caroleina ging immer schon gerne zur Heiligen Messe. In der Corona-Zeit auf einen Gottesdienst verzichten zu müssen, kostete sie deshalb viel. Mit der Zeit gewöhnte sie sich zwar daran, auch an einer Online-Messe teilzunehmen, doch es war für sie einfach nicht dasselbe, wie an einer Heiligen Messe in ihrer geliebten Pfarrkirche teilnehmen zu können. Sie vermisste die Gesänge und das herzliche Miteinander der Pfarrgemeinschaft, die sie so sehr schätzte.

Deshalb war Frau Caroleina überglücklich, als endlich von der Regierung die Ankündigung kam: Die Teilnahme an Gottesdiensten ist nun mit Masken und Abstand möglich. Caroleina wollte die Welt umarmen! Endlich konnte sie wieder einmal in die Kirche gehen!

Doch bald verdunkelte sich ihre Freude: Denn alle saßen mit Masken da, mundtot und dazu noch in großen Abständen. Das kam Frau Caroleina dermaßen unnatürlich vor, dass sie nicht mehr die Eucharistie mit Freude mitfeiern konnte. Sie überlegte nun, was sie machen könnte, um zumindest ein wenig Freude an der Feier zu gewinnen.

Da fiel ihr ein, dass es doch Masken von Missio Österreich gibt. Diese bestellte sie sich sofort. Sie berichtete:

Es war ein Lichtblick! Eine schöne, farbenfrohe rote Missio-Maske, die durch die Bänder leicht und locker zu tragen ist, die trug ich stolz! Im Bewusstsein, dass damit der Segen Gottes verbunden ist: welche Freude in der Trauer!

So konnte Frau Caroleina selbst in der trüben Zeit ein wenig Freude gewinnen und durch die kleinen weißen Kreuze am Stoff der Missio-Maske auch noch den Segen Gottes spüren.

20. ICH WILL KEINE SEKTE UNTERSTÜTZEN!

Herr Josef* wohnt seit seiner Jugend allein in einem Haus, das er von seinen Eltern geerbt hat. Er ist schon über 70, lebt zwar nur von seiner Mindestpension, doch diese reicht ihm für sein bescheidenes Leben aus. Solange er selbstständig auf sich schauen kann, möchte er es weiter tun. Er wohnt schon sein ganzes Leben im gleichen Dorf, wo er einige gute Freunde, einen guten Hausarzt und einen lieben Pfarrer hat. Dort kennen sich alle. Alle wissen auch, dass Josef ein offener, gläubiger Mensch ist, der immer vor Ort ist. Er war schon seit Jahrzehnten nicht mehr in einer Stadt.

Plötzlich erreichte Josef eine überraschende Nachricht: Sein Nachbar war gestorben und hinterließ ihm ein großes Erbe. Es handelte sich vor allem um ein Grundstück.

Bald stellte sich jedoch heraus, dass Josef jemandem im Weg stand: Ursprünglich hatte sein verstorbener Nachbar ein anderes Testament verfasst gehabt, in dem er alles seinem Neffen vermacht hatte. Nachdem dieser aber in die Scientology-Sekte eingetreten war und sich herausstellte, dass das Erbe zugunsten dieser dubiosen Vereinigung genutzt werden sollte, änderte er noch kurz vor seinem Tod das Testament und setzte seinen Nachbarn Josef zum Alleinerben ein. Jetzt stand Josef auf einmal da und wusste sich in dieser Situation nicht zu helfen.

Der Neffe und vor allem die Scientologen wollten natürlich keineswegs auf das Grundstück verzichten. Sie drohten mit den besten Anwälten und setzten Josef unter Druck. Er bekam zwar einen Anwalt, da er aber seit Jahrzehnten seinen Hof nicht verlassen hatte, fühlte er sich mit der Situation überfordert und sehr alleingelassen. Und er wusste: Gegen eine derartig große und international vernetzte Vereinigung, hatte er keine Chance.

Josef überlegte tagelang, was er nun tun könne – sein Bauernverstand sagte ihm aber, dass er die Sache verlieren würde – Er, allein, aus einem Dorf gegen eine große, mächtige Vereinigung!

Eine Lösung fiel ihm aber ein: Er wandte sich mit einer Bitte an Missio Österreich, nachdem er seit Beginn der Pandemie immer die Heilige Messe auf K-TV mitfeierte. Er schrieb:

> *Jetzt wird mir bewusst: Die Zeit drängt, ich kann nicht mehr da sitzen und nichts tun. Jetzt muss ich etwas machen – ich muss beten. Und ich bitte auch Sie um Ihr Gebet. Ich will keine Sekte unterstützen!*

Unsere Mitarbeiterin, die diese sehr komplizierte Angelegenheit bearbeitete, steckte den Brief von Josef unter die Statue der Muttergottes. Auch ihr war bewusst: Menschlich ist das Problem nicht zu lösen. Sie schrieb also Herrn Josef zurück, er soll alles in die Hände der

Muttergottes, der Knotenlöserin, legen, denn sie kann alle Probleme lösen. Und wir formulierten eine Fürbitte in diesem Anliegen bei der heiligen Messe.

Knapp einen Monat danach schrieb uns Herr Josef wieder. Er berichtete:

> *Ich war nach dem Lesen Ihres Briefes so beruhigt (...). Einige Zeit später war bei uns eine heilige Messe. Ich bin so in Ruhe dagestanden, wie schon lange nicht mehr (...). Die Gebetserhörung kam dann auch so schnell, dass ich es kaum glauben kann.*

Nach vielen Komplikationen und einem harten Kampf seitens der Sekte, kam eine Wendung. Josefs Anwalt rief ganz freudig und überrascht an: Man sei sich nun sicher, dass der Nachtrag vom Verfasser des Testaments stamme. Das Grundstück gehöre nicht der Sekte, sondern Josef.

Josef war zutiefst gerührt. Jetzt möchte er mit dem Geld aus dem Erbe auch eine Priesterpatenschaft übernehmen. Das war schon immer sein Traum, doch mit einer Mindestpension konnte er sich das nicht leisten. Momentan „trainiert" Herr Josef, indem er täglich für seinen künftigen Priesterstudenten betet. Er schreibt:

> *Jetzt warte ich, bis ich das Geld habe und trainiere täglich – obwohl es manchmal am Abend die letzte Kraft kostet. Es ist trotzdem schön. Und so beruhigend, weil man etwas tut, nicht bloß zuschaut, wie die Kirche untergeht. Und Gott dankt uns auch für unser Gebet – das merke ich doch. Danke auch Ihnen, dass Sie mir geholfen haben – mit Ihrem Gebet habe ich die Sache wider jedes Erwarten gewonnen.*

21. EINE NEUE STELLE

Frau Carina* suchte seit längerer Zeit eine Arbeitsstelle und konnte nichts finden. Die schwierige Corona-Situation verbesserte die Lage am Arbeitsmarkt auch nicht gerade. Mit jedem Tag, jedem Angebot, jedem abgesagten Gespräch wurde ihre Hoffnung auf einen neuen Job immer geringer.

Schließlich schrieb sie eine Fürbitte an Missio Österreich. Sie hoffte, dass auch in ihrem Fall die Fürbitte erhört und sie kurz danach eine gute Arbeit finden wird. Umso mehr war sie mit der Antwort enttäuscht, die sie von einer Missio-Mitarbeiterin bekam: „Wir beten für Sie, derzeit bekommen wir aber so viele Fürbitten, dass wir nicht alle laut in der Messe vorlesen können." Frau Carina war enttäuscht und etwas sauer. Sie dachte sich, nicht einmal darin bin ich erfolgreich. Wie sollte es dann erst mit einer neuen Arbeitsstelle werden?

Doch Gott hört auch die verborgenen Bitten. Schon paar Tage nachdem Frau Carina die Fürbitte eingereicht hatte, schrieb sie uns erneut eine E-Mail:

> *Es tut mir leid, dass ich Ihnen nichts zurückgeschrieben habe, ich war so böse, dass meine Fürbitte nicht vorgelesen wird. Aber Jesus hat mir etwas anderes gezeigt: ich bekam die Stelle, obwohl es Bessere gab als mich. Ich habe die Stelle! Jetzt habe ich es verstanden: Ich müsste vor allem Ihm mehr vertrauen anstatt auf eigene Faust alles meistern zu wollen. Danke für Euer stilles Gebet!*

22. DIE HERZKLAPPE

Frau Gabriele hat selber ziemlich viele Probleme, doch keines davon beschäftigt sie so sehr, wie die Gesundheit ihrer betagten Mutter: „In ihrem Alter ist wohl nichts mehr sicher", schrieb sie uns. Nach vielen gesundheitlichen Herausforderungen kam nun eine große Prüfung auf ihre Mutter zu: Die Herzklappe sollte erneuert werden. Eine Operation, die für das schwache Herz Heilung, aber auch den Tod bedeuten kann.

Wir beteten bei der heiligen Messe für die Mama und die Tochter, für die Ärzte und die Hilfskräfte, für alle, die an der Operation der Mutter beteiligt waren.

Schon am nächsten Tag schrieb uns Gabriele wieder. In der Form eines kurzen Gebetes dankte sie Gott für den guten OP-Verlauf bei ihrer Mutter. Sie hatte die Erneuerung der Herzklappe bestens überstanden und konnte sogar schon von der Intensivstation aus kurz mit ihrer Tochter telefonieren. „Sie hörte sich gut an", berichtete Gabriele und fügte hinzu: „Lieber Jesus, bitte, bleib auch weiterhin bei ihr!"

23. SELBST DIE ÄRZTE WAREN ÜBERRASCHT

Frau Heidi freute sich riesig, als ihr Sohn und ihre Schwiegertochter ihr mitteilten, dass sie Nachwuchs erwarteten. Die Schwiegertochter Maria* erwartete sogar Zwillinge. Sehnsüchtig fieberte die ganze Familie dem Geburtstermin entgegen. Sie teilten alle schon ein, wann sie die jungen Eltern mit der Pflege der beiden Kinder unterstützen würden.

In der 30. Schwangerschaftswoche erhielt die Familie jedoch beunruhigende Nachrichten: Es gab erste Anzeichen für eine frühzeitige Geburt. Die Vorfreude wurde getrübt durch die Angst um Gesundheit der beiden Babys. Sie waren doch noch viel zu klein, um die Welt zu erblicken!

Frau Heidi schrieb eine Fürbitte an Missio Österreich: Sie bat, dass der liebe Gott ihre so sehnsüchtig erwarteten Enkelkinder doch noch ein paar Wochen im Schoß ihrer Mama wachsen lassen möge und dass sie dann gesund auf die Welt kommen mögen. Jeden Tag segnete Frau Heidi ihre künftigen Enkelkinder mit dem Siegeskreuz.

Ende Mai sind die Zwillinge schließlich gesund zur Welt gekommen. Sie mussten weder in den Brutkasten, noch ins Wärmebett. Schon vier Tage nach der Geburt durften sie mit ihrer glücklichen Mama das Krankenhaus verlassen.

Selbst die Ärzte konnten nicht begreifen, wieso die Kinder doch noch so lange im Mutterschoß geblieben sind. „Wir sind überglücklich und danken für das Gebet!", schrieb uns Frau Heidi.

24. SIE IST GOTT BEGEGNET

Herr Adam* ist mittleren Alters und hat immer schon an Gott geglaubt. Er wuchs in einer sehr gläubigen Familie auf und ging immer mit den Eltern in die Kirche. Auch später lebte er seine Frömmigkeit unkompliziert weiter und hinterfragte sie nie. Er verspürte auch keinen inneren Drang, irgendjemand zu missionieren oder zu bekehren. Er wollte einfach sein Leben möglichst gut leben.

Adam hatte eine Nachbarin, die auf ihn immer einen traurigen Eindruck machte. Oft trafen sie sich im Treppenhaus oder beim Einkaufen – und dabei lächelte sie nie. Adam sprach sie ein paar Mal an, aber nachdem sie darauf nie freundlich reagierte, stellte er seine Bemühungen ein.

Als der Lockdown kam und man zuhause bleiben sollte, sah Adam seine Nachbarin überhaupt nicht mehr. Der einzige Weg, den er noch machte, war der in das naheliegende Lebensmittelgeschäft oder manchmal in die Pfarrkirche. Diese war so nahe, dass man sie vom Fenster aus sehen konnte. Die heilige Messe feierte Adam dann im Live-Stream mit Missio Österreich.

Mit jeder heiligen Messe verstand Adam immer mehr die Zusammenhänge des christlichen Glaubens: Er merkte, dass die Heilige Schrift nicht nur ein Buch ist, aus dem Katholiken in den Gottesdiensten vorlesen, sondern dass es tatsächlich Gottes Wort ist. In den Predigten entdeckte er Glaubenszusammenhänge, die ihm früher nie aufgefallen wären. Auf einmal war der Glaube keine bloße Familientradition mehr. Gott war für ihn nicht mehr ein ferner alter Mann im Himmel. Alles füllte sich auf einmal mit Leben. Adam hatte den Eindruck, erst jetzt wirklich atmen zu können. Im Herzen spürte er, wie sich leise ein Verlangen regte, diesen Weg weiterzugehen, über Gott mehr erfahren zu wollen und den lebendigen Glauben weiterzutragen. Er wusste aber nicht, wie.

Kurze Zeit danach traf er wieder die traurige Nachbarin im Treppenhaus. Spontan kam ihm der Gedanke, er könne nun die Gelegenheit nützen, um sie noch einmal anzusprechen. Also fragte er sie kurz nach ihrem Wohlbefinden.

Die Augen der Nachbarin füllten sich mit Tränen, als sie zu erzählen begann: „In der Einsamkeit bin ich Gott begegnet. Ich weiß jetzt aber überhaupt nicht, wohin mit all meinen Fragen. Ich will Ihn aber besser kennenlernen. Und Sie gehen doch in die Kirche, oder?“, fragte sie ihn mit bewegter Stimme.

Nun wurde Adam bewusst, dass er die Nachbarin nicht umsonst angesprochen hatte. Nicht umsonst hatte er die heiligen Messen von Missio Österreich mitgefeiert und sich in den vergangenen Monaten so viel mit dem christlichen Glauben beschäftigt. Jetzt konnte er mit seiner Nachbarin seine Erfahrungen teilen. Er lud sie zu einem Kaffee ein, und sie redeten lange über ihre Glaubensfragen. Herr Adam schrieb uns:

Danke für alles, was Sie tun. Ich hätte die vielen Glaubensfragen nicht beantworten können, wenn ich nicht die Messe von Missio mitgefeiert und den Predigten zugehört hätte. Danke!

25. EINE HEILUNG, DIE AUFS STERBEN VORBEREITETE

Herr Markus* ist 58 Jahre alt und wohnt in einer kleinen Ortschaft in Oberösterreich. Er hat eine Schwester, die verheiratet ist und Kinder hat. Leider ist ihr Ehemann, der 55-jährige Dieter*, vor einiger Zeit an Krebs erkrankt. Die Ärzte hatten bereits alles versucht, um ihm zu helfen, doch mittlerweile konnte sein Organismus nicht mehr viel vertragen. Markus ermutigte seine Schwester, für ihren Mann zu beten. Sie hatte aber keine Kraft mehr dazu und fühlte sich zu schwach. So schrieb Markus eine Fürbitte an Missio Österreich:

(...) Meine Schwester hat mich gebeten, für sie eine E-Mail zu schreiben, weil sie das selbst nicht kann. Sie ist verzweifelt, weil ihr Ehemann – mein Schwager Dieter – an den vielen Chemos

bald zugrunde gehen wird. Eine Chemo noch, dann ist er tot. Seit drei Jahren ist er am Kämpfen. Ich möchte dieses Anliegen für die heutige Messe vorbringen mit der Fürbitte um Heilung von seinem Krebsleiden.

Wir brachten die Fürbitte vor und vertrauten alles Jesus an, denn er ist der beste Arzt, der heilen und Wunder tun kann.

Einen Monat später schrieb uns Markus erneut, denn die Sache hatte eine überraschende Wendung genommen: Als sein Schwager die Untersuchungsergebnisse bekommen hatte, waren seine Werte so gut, dass die Ärzte beschlossen, vorerst gar keine Chemotherapie mehr zu verabreichen. So bekam Dieter nur eine Dosis unterstützender Immuntherapie und durfte sofort nach Hause entlassen werden.

Doch die Freude dauerte leider nicht lange an. Einige Monate später kam der Krebs wieder zurück. Dieter ging es immer schlechter. Schließlich konnte er nur noch liegen. Eine Palliativschwester stand ihm zur Seite. Markus schrieb:

Die Schwester meinte, sie hat noch nie einen so geduldigen Sterbenden begleitet, es gibt kein Jammern. Die Krankensalbung hat er auch bekommen. Das ist das eigentliche Wunder, dass er in Frieden mit Gott das große Leiden annimmt.

Die ganze Familie ist Gott sehr dankbar: Für die Zeit der Gesundheit von Dieter und die kurzfristige Besserung, aber auch für die Zeit danach. Jesus hat alles gefügt und geleitet: Denn gerade während der Zeit, als es Dieter besser ging, konnte er sich auf das Sterben vorbereiten. In dieser Zeit wurde er auch in dem Vertrauen gestärkt, dass schließlich alles in Gottes Hand liegt.

Dieter starb im Februar. Es war ein ruhiges Hinübergehen. Er konnte sich davor noch von der ganzen Familie verabschieden. Der Friede, der trotz des starken Leidens spürbar war, war für die Familie ein großes Geschenk.

26. DER ARZT FRAGTE, WARUM SIE ÜBERHAUPT GEKOMMEN SEI

Frau Sonja wohnt in Deutschland. Sie hat erwachsene Kinder und bemüht sich, mit ihrer Familie ein vom Glauben getragenes Leben zu führen. Sie stehen einander bei und vertrauen in jeder Lebenslage auf Gott.

Doch eines Tages wurde das Vertrauen auf eine harte Probe gestellt. Denn die älteste Tochter Christina* hatte seit längerer Zeit diverse Symptome, die auf eine schwere Herzkrankheit hindeuteten. Christina war bereits beim Arzt gewesen, der diese Bedenken bestätigte und sie zu einer Zusatzuntersuchung schickte. Die ganze Familie hatte große Sorgen, denn Christina ist 39 Jahre alt. In diesem Alter möchte man doch leben. Da nahm Sonja ihren ganzen Mut zusammen, rief bei Missio an und bat, dass man am Tag vor der Untersuchung eine Fürbitte für Christina vorlesen möge, damit viele Menschen für ein gutes Ergebnis beten.

Wir lasen die Fürbitte einen Tag vor der Untersuchung während der heiligen Messe vor. Auch die Familie und der Freundeskreis von Christina beteten für einen guten Ausgang der Untersuchung und ihre Genesung. Alle hatten die schlimmsten Befürchtungen. Frau Christina wollte aber endlich die Wahrheit über ihren Gesundheitszustand erfahren.

Doch auf einmal war alles gut. Der Arzt sagte bei der Untersuchung, er wisse nicht, warum man sie überhaupt zu ihm geschickt habe, denn sie sei vollkommen gesund. Und seit diesem Tag vor der Untersuchung, an dem so viele Menschen für sie gebetet hatten, hatte sie auch keine Symptome mehr. Sie fühlte sich fit und konnte wieder normal arbeiten.

Die ganze Familie war erleichtert. Also schrieben sie dankbar an Missio Österreich:

Wir möchten einen Dank an Gott richten und uns bei allen bedanken, die für Christina mitgebetet haben. Sie sollen unsere Freude nachspüren können!

27. MIT TRAUMA ZUR OPERATION

Frau Margarethe*, eine pensionierte Religionslehrerin, lebt mit ihrem Mann Franz* in Deutschland. Als Jugendliche hatte sie im Krankenhaus ein furchtbares Erlebnis gehabt. Seither wurde sie von einem Trauma geplagt. Sobald sie allein in einem Zimmer lag, bekam sie keine Luft mehr, sie hatte migräneartige Schmerzen und sah alles doppelt oder dreifach.

Frau Margarethe versuchte diese Symptome schon lange zu therapieren, doch keine Behandlung konnte ihr helfen. Die einzige Lösung bestand darin, ähnliche Situationen einfach zu vermeiden und immer darauf zu achten, nicht alleine in einem Zimmer zu sein.

Margarethe erfuhr aber, dass sie sich im Mai einer Operation unterziehen müsse. Das allein wäre für sie nicht so tragisch gewesen, wäre da nicht die Tatsache, dass sie aufgrund der Corona-Krise in einem Einzelzimmer untergebracht werden und auch die Aufwachphase nach der Operation allein durchstehen sollte. Margarethe war verzweifelt. Sie wusste sich nicht zu helfen. Zur großen Angst vor den Komplikationen bei der Operation kam noch die viel größere Befürchtung hinzu, alleine in einem Zimmer sein zu müssen. Margarethe setzte sich auf ihr Bett und weinte. Beinahe hätte sie die so notwendige Operation abgesagt, wenn nicht ihr Mann gekommen wäre.

Er setzte sich zu ihr aufs Bett und sagte: „Alles wird gut. Ich rufe bei Missio an und wir werden alle mit Pater Karl für dich beten. Jesus wird dich halten – vertraue Ihm“. Diese Worte gaben Margarethe Mut und Kraft. Sie nahm sich vor, sich ganz fest an Jesus zu klammern und ihr ganzes Vertrauen auf Ihn zu setzen. Ihr Mann tat auch seinen Teil: Er rief, wie versprochen, bei Missio Österreich an und teilte uns sein Anliegen mit.

Margarethe ging ins Spital. Als die Tür ihres Zimmers zuging, wollte sie am liebsten schreien und davonlaufen. Doch sie erinnerte sich an die Worte ihres Mannes und versuchte sich mit allen Kräften an Jesus zu halten. Sie spürte wie schnell ihr Herz schlug, dennoch wiederholte sie unzählige Male: „Jesus, ich vertraue auf dich!“ So schlief sie ohne Probleme ein.

Am nächsten Tag wachte Margarethe ganz erholt auf. Sie war selbst ganz erstaunt, denn von der Panik und vom Trauma merkte sie gar nichts mehr. Bald kam die Krankenschwester, mit der sie sich kurz unterhalten konnte. So war zumindest kurz jemand bei ihr im Zimmer. Die Operation war erfolgreich und überraschenderweise ohne Komplikationen. Bald danach konnte sie aus dem Krankenhaus entlassen werden. Als sie zu Hause ankam, sagte ihr Mann: „Siehst du – ich habe dir doch gesagt. Jesus begleitet dich. Es haben so viele für dich gebetet. Ich weiß nicht, warum du Angst hattest“.

Margarethe und Franz sind sich nun sicher: Sie setzen ihr ganzes Vertrauen auf Jesus.

28. ICH KONNTE FAST NICHT MEHR FERTIGBAUEN

Herr Ferdinand* hatte seit längerer Zeit vor, das Dach seines Hauses zu renovieren. Es bildeten sich immer mehr undichte Stellen, sodass immer mehr Feuchtigkeit in das Haus eindrang, was bald zu einem akuten Problem wurde.

Noch dazu wohnt Ferdinand in einer Gegend, in der es viel Niederschlag gibt. Für die Arbeiten am Dach brauchte er dringend ein Zeitfenster von 48 Stunden, in denen kein Tropfen auf das neue Dach fallen würde. Er überlegte, was er nur tun könne. Schließlich fiel ihm ein: Er ist ja auch bei der Gebetsbewegung „Gott kann“ dabei und betet täglich den Rosenkranz! Bis zu den geplanten Renovierungsarbeiten auf dem Dach blieb ihm noch ein Monat Zeit. Also betete er nun er täglich ein Gesätzchen des Rosenkranzes in diesem sehr speziellen Anliegen. Zu jedem „Gegrüßet seist Du, Maria“ fügte er noch eine spezielle Bitte an: „Ich bitte dich bei meiner Hausdach-Erneuerung um gutes Wetter, um ein gutes Gelingen und um gute Hände, für meine Arbeiter und Freunde, die mir helfen."

Nachdem der Monat vergangen war und die entscheidenden Arbeiten durchgeführt werden mussten, begann Ferdinand trotz einer sehr labilen Wetterlage, die aber keine Besserung versprach, mit den geplanten Arbeiten. Und tatsächlich: Es tat sich ein 48-stündiges Schönwetter-Fenster auf, sodass er und seine Mitarbeiter das Dach fertigbauen konnten. Vom Kirchturm her hörte man das Läuten der Glocke: Es war genau drei Uhr, als die Renovierungsarbeiten beendet werden konnten. Jetzt durfte es ruhig wieder regnen.

Ferdinand ist für seine Gebetserhörung sehr dankbar – jetzt ist er sich sicher: Gott kann!

29. ICH ERKANNTE, WIE ENDLICH DAS LEBEN IST

Frau Susanne aus Deutschland feierte mit Missio Österreich seit Beginn der Corona-Krise die Mittagsmessen. Regelmäßig betete sie auch zusammen mit ihrem Mann für alle, die an Corona erkrankt oder von der Krankheit indirekt betroffen waren. Eines Tages aber stellte sich heraus, dass sie nun selbst besonders viel Gebet benötigen würden, denn der Mann von Susanne wurde positiv auf Corona getestet. Dazu kam, dass ihre drei erwachsenen Töchter ausgerechnet in diesen Tagen zu Besuch kamen. Daher musste sich die ganze Familie in eine zweiwöchige häusliche Quarantäne begeben. Frau Susanne schrieb uns:

Obwohl wir immer für die Opfer von Corona gebetet haben, fühlt es sich ganz anders an, wenn man unmittelbar betroffen ist und erkennen muss, wie endlich das eigene Leben plötzlich ist und wie begrenzt wir Einfluss nehmen können. Wir sind in Gottes Hand und nehmen voll Vertrauen dieses Kreuz in Liebe an. Wir bitten um einen milden Krankheitsverlauf und um die Fürsprache der Gottesmutter für uns.

Susanne war auch während der Krankheit – und jetzt umso intensiver – bei der Mittagsmesse dabei. Nach zwei Wochen bekamen wir bei Missio Österreich eine neue Nachricht von Susanne. Diesmal war sie für den weißen Brotkorb bestimmt, wo wir den Dank der Gläubigen hineinlegen. Sie schrieb:

Sie können eine weitere Gebetserhörung in den weißen burundischen Brotkorb legen. Wir haben die zwei Wochen Corona Quarantäne hinter uns und nur sehr leichte Symptome gehabt. Soeben haben wir die Nachricht bekommen, dass der abschließende Test bei uns allen negativ ist. Gepriesen sei der Herr! Wir sind sehr, sehr dankbar.

30. ER NIMMT KEINE DROGEN MEHR

Frau Anette entdeckte unsere Mittagsmessen im März auf K-TV. Sie hat fünf Kinder, darunter auch ein ganz besonderes Sorgenkind: Einer ihrer Söhne ist 24 Jahre alt. Er hat schon zwei Ausbildungen abgebrochen und zwei Arbeitsplätze gekündigt. Vor allem leidet er aber unter Alkohol- und Drogenproblemen.

Anette versuchte immer wieder mit ihm zu sprechen. Dies endete aber meistens mit massiven Wutausbrüchen, Türknallen und Beleidigungen, die für die ganze Familie belastend waren. Ihre Cousinen sagten ihr, dass ihr Sohn dringend Hilfe brauche, da er es alleine nicht mehr schaffen würde, von den Drogen loszukommen. Anette war verzweifelt und wusste selber nicht, was sie weiter tun solle.

Während einer heiligen Messe in der Missio-Kapelle hörte Anette, wie Pater Karl eine Gebetserhörung vorlas: Eine junge Frau bekam trotz Lockdown auf wundersame Weise ein Visum für Österreich und durfte nun zu ihrem Verlobten reisen. Das ermutigte auch Anette, eine

Fürbitte zu schreiben und dabei ihr ganzes Vertrauen in Gott zu legen. Sie schrieb uns einen Brief und bat darum, diesen auch Schwester Johanna Datzreiter zu übermitteln, die so lange auf Missionseinsatz in Liberia war und so viele Menschen zu Gott führen durfte. Wir beteten in der Heiligen Messe für Anettes Anliegen, und Schwester Johanna betete dafür in ihrem Kloster.

Ende September – knapp zwei Monate waren seit ihrer Fürbitte vergangen – schrieb uns Anette wieder: Sie freute sich sehr, denn der Zustand des Sohnes hatte sich verbessert. Nun hatte er sogar eine Arbeit gefunden. Am meisten freute sie aber, dass sie ein gutes Gespräch mit ihm führen konnte und eine wirklich erfreuliche Nachricht erhielt: Seit eineinhalb Monaten nahm ihr Sohn keine Drogen mehr. Schon allein, dass er diesen Entschluss fassen konnte, betrachtet Anette als ein perfektes Wunder, umso mehr war sie überrascht, dass er bereits so lange durchgehalten hatte. Anette ist zuversichtlich, denn sie weiß, dass ihr der ganze Himmel beisteht und dass ihr Sohn unter dem Schutz Gottes von seinen Süchten und Wutausbrüchen geheilt wird.

31. VERSÖHNUNG MIT DER TOCHTER

Frau Annemarie* wohnt in Deutschland und hat nur eine Tochter. Sie hat stets ihr Bestes gegeben, um sie im katholischen Glauben zu erziehen. Doch als Erwachsene wandte sich die Tochter einer Freikirche zu. Sie beschimpfte die Mutter wegen ihres katholischen Glaubens und wollte nicht mehr mit ihr sprechen.

Als der Mann von Annemarie 2019 starb, bekam sie von der Tochter zu hören, sie würde keinesfalls für ihren Vater beten, denn sie bete nicht für Tote. Annemarie war verzweifelt. Sie hatte gehofft, dass die Tochter den geliebten Vater genauso im Gebet mittragen würde, wie sie es selbst tat. Doch es war kein Gespräch mit ihr möglich. Schließlich zerstritt sie sich mit der Tochter und verlor vollständig den Kontakt zu ihr. Monatelang plagte sie das schlechte Gewissen. Schließlich entschied sie sich, an Missio Österreich zu schreiben mit der Bitte ums Gebet und einen guten Rat.

Annemarie erhielt recht bald eine Antwort. Pater Karl gab ihr einen Rat, wie sie den Kontakt zur Tochter wiedergewinnen könne: durch Liebe, Gebet und Geduld. So begann Annemarie, anhand dieser drei Tugenden Schritt für Schritt die Situation neu anzugehen. Gleichzeitig beteten wir während der heiligen Messe von Missio Österreich um einen erneuten Kontakt zu ihrer Tochter.

Dies geschah auch. Annemarie bedankte sich für den guten Rat und fürs Gebet. Nach zehn Monaten hatte sie wieder den Kontakt zu ihrer Tochter aufgenommen. Nun konnten sie in Ruhe miteinander sprechen und warfen sich nichts mehr gegenseitig vor. Sie kamen einfach zum Entschluss: Trotz der vielen Unterschiede lieben sich Mutter und Tochter immer noch.

32. MEINE URENKELIN DARF LEBEN

Frau Theresia* ist eine Oma und Uroma. Sie liebt ihre Enkel und Urenkel über alles. Jeden Tag betet sie für sie und empfiehlt jedes einzelne Kind der Fürsprache der Muttergottes an.

Als ihre Enkelin schwanger wurde, war Theresia sehr froh darüber, denn jedes Kind sollte in ihrer Familie willkommen geheißen werden! Doch es stellte sich bereits in der Schwangerschaft heraus, dass das Kind Herzprobleme hatte und recht bald nach der Geburt operiert werden müsste. Die Operation galt als schwer, jede Minute nach der Geburt war von Bedeutung. Theresia war etwas beunruhigt. Sie spürte aber, dass auch diese Schwierigkeit durch das Gebet besiegt werden kann: Denn sie hatte bereits alle ihre Kinder der Mutter Gottes anvertraut. Frau Theresia schrieb noch eine Fürbitte an Missio Österreich. Auch wir beteten für ihre kleine Urenkelin, die noch im Bauch ihrer Mama war.

Ein paar Monate später schrieb uns Theresia wieder – sie wollte sich bedanken:

Meiner kleinen Urenkelin geht es so gut nach der Herzoperation! Sie wächst und gedeiht – sie ist schon ein halbes Jahr alt. Danke für Ihr Gebet, es hat uns alle sehr getragen.

33. DIE GEISTLICHE KOMMUNION SPENDETE MIR KRAFT

Frau Anna* wohnt in Bayern und hat eine erwachsene Tochter, die vor kurzem geheiratet hat. Bald erreichte Anna auch die freudige Nachricht, dass ihre Tochter ein Kind erwartete. Auf diese erfreuliche Nachricht folgte allerdings nach ein paar Monaten eine schlechte: Der Mann ihrer Tochter war an Corona erkrankt.

Anna war außer sich vor Angst. Sie malte sich alle möglichen Szenarien aus und konnte keine Ruhe finden. „Was ist, wenn der Mann meine Tochter ansteckt? Wer bringt sie dann ins Krankenhaus, wenn die Geburtswehen beginnen? Muss das Kind ohne Beisein des Vaters geboren werden?“ Anna ließen all diese Fragen nicht in Ruhe, und sie konnte kaum schlafen. Ganze Nächte lang lag sie wach im Bett und weinte. Sie selber lebte weit weg von der Tochter und konnte ihr deshalb nicht helfen.

Nach paar Tagen rief sie ihre Freundin Getrud an. Diese wohnt nur paar Häuser weiter weg. Anna verfolgte mit Gertrud und einigen anderen Frauen in ihrer Umgebung regelmäßig die Mittagsmesse von Missio Österreich auf K-TV, jede von ihnen in ihrem eigenen Haus. Danach tauschten sie sich immer über die Inhalte der Predigt aus. Frau Anna klagte ihrer Freundin ihr Leid am Telefon: „Warum mutet mir Gott so etwas zu?“

Da wurde ihre Freundin still. Als Anna fragte, warum Gertrud denn nichts dazu sage, erwiderte diese: „Ich weiß gar nicht, was ich dir sagen soll. Du nimmst ja genauso wie ich an der heiligen Messe teil, und du betest genauso wie ich immer das Gebet zur geistlichen

Kommunion. Warum kannst du dieses Anliegen Jesus nicht einfach anvertrauen? Du schaust doch nur auf dich selber."

Anna war zunächst etwas verärgert und fühlte sich in ihrer Not von ihrer Freundin nicht verstanden. Nach einer Weile musste sie ihr aber doch recht geben: Sie erkannte, dass die Sorgen um ihre Tochter viel zu egoistisch waren. Anna dachte darüber nach und bereitete ihr Herz für die nächste heilige Messe sorgfältig vor. Sie hatte in ihrem Herzen den festen Entschluss gefasst, Jesus alles zu übergeben und Ihm noch mehr zu vertrauen.

Beim Gebet zur geistlichen Kommunion wiederholte Anna erstmals jedes Wort in ihrem Herzen und bat Jesus, Er solle ihr doch mehr Vertrauen schenken.

Am Abend rief Anna wieder ihre Freundin an, diesmal um sich bei ihr zu bedanken. Denn durch das Gebet zur geistlichen Kommunion konnte Anna das erste Mal wieder aufatmen, seitdem sie die Nachricht von der Erkrankung ihres Schwiegersohns bekommen hatte. Sie fand Ruhe und Frieden bei Jesus. Das Gebet gab ihr die Sicherheit: Es würde alles gut gehen.

Ihr Schwiegersohn hatte einen relativ milden Krankheitsverlauf. Die Tochter wohnte in dieser Zeit in einem Studentenzimmer bei einer Freundin, die gerade Ferien hatte. Zwei Tage nach der Beendigung der Quarantäne rief der Schwiegersohn an: Er bat Anna ums Gebet, denn das Kind kam gerade auf die Welt.

Frau Anna war so glücklich über den guten Verlauf der Geburt. Als sie das erste Foto des Kindes sah, wurde ihr bewusst: Ihr Vertrauen auf Jesus muss noch größer und beständiger werden. Er führt doch alles zum Guten.

34. MUTTER TERESA SORGTE FÜR DAS GELD

Frau Maria brauchte dringend ein paar Weihnachtsgeschenke. Unter anderem suchte sie nach einem schönen Buch für eine gläubige Freundin.

Unter den vielen Angeboten aus dem Missio- Shop fiel ihr gleich das Buch des ehemaligen Nationaldirektors von Missio, Pater Leo Maasburg auf: „Mutter Teresa. Wunderbare Geschichten". Maria dachte sich, dass das ein durchaus passendes Geschenk wäre, und sie kaufte das Buch.

Bevor sie es in ein schönes Weihnachtsgeschenkpapier einpackte, schaute sie selber hinein und las ein paar Seiten. Bald musste sie feststellen, dass sie das Buch nicht mehr weglegen konnte. Darin wurden genau die Themen und Fragen angesprochen, die sich Maria selbst seit Jahren gestellt hatte. Sie schreibt:

> *Das Buch hat mein Leben völlig verändert, das kann ich behaupten, ohne zu übertreiben. Ein Beispiel (...): Seitdem ich gelesen habe, mit welchem kindlichen Vertrauen Mutter Teresa die wundertätigen Medaillen verteilte, habe ich neuen Mut bekommen. Das Beispiel von Mutter Teresa hat mich von meiner jahrelangen Menschenfurcht geheilt.*

Weil das Buch eine so mächtige Wirkung auf Marias Leben hatte, wollte sie diese Erfahrung mit so vielen Menschen wie möglich teilen. Nicht nur die Freundin bekam also das Buch. Maria kaufte noch einige weitere Exemplare. Sie stöberte im Internet und kaufte auch alle gebrauchten Exemplare, die sie finden konnte, um dann all jenen Freunden ein Buch geben zu können, die sich dafür interessierten.

Der Mann von Maria stand dieser Aktion etwas skeptisch gegenüber. Er meinte, sie könne sich doch die vielen Bücher nicht wirklich leisten. Andererseits aber war auch er beeindruckt von den spannenden Geschichten aus dem Leben der Heiligen von Kalkutta, die ihm seine Frau immer wieder vorlas. So hatte er schließlich auch nichts mehr dagegen einzuwenden.

Einige Tage später bekam Maria eine überraschende Nachricht: Sie hatte im Lotto eine kleine Summe Geld gewonnen: Es war genau jener Betrag, den sie für die Bücher ausgegeben hatte! Aufgeregt erzählte sie ihrem Mann davon. Dieser freute sich mit ihr und sagte: „Schau, es ist genauso wie in deinem Buch!". Die letzte Geschichte, die sie ihm vorgelesen hatte, handelte nämlich von der göttlichen Vorsehung. Frau Maria schreibt:

Ich bin so dankbar über dieses Zeichen, das ich von Gott bekommen habe. Ich bin so begeistert davon, wie schön alles zusammenpasst. Ich weiß genau, da kommt noch mehr ... Nur Gutes, alles zur größeren Ehre Gottes und für Sein Himmelreich.

35. DIE GELUNGENE ADOPTION

Ein Ehepaar aus der Steiermark bemühte sich seit mehreren Monaten um eine Adoption. Sie konnten selber keine Kinder bekommen. Daher war die Vorfreude auf das adoptierte Baby umso größer. Sie absolvierten alle möglichen Kurse und waren theoretisch gut vorbereitet auf das Kind.

Doch die Zeit des Lockdowns vereitelte jede Chance auf die Vermittlung eines Babys. Die überlangen Wartezeiten auf jeden einzelnen Termin, nochmalige Prüfungen und viele Formalitäten machten der Familie zu schaffen. Die jungen Eltern wussten nicht mehr, was sie unternehmen sollten und hatten die Hoffnung fast ganz aufgegeben. Die Oma wusste aber eine Lösung: Sie vertraute alles der Gottesmutter Maria an und schrieb auch an Missio eine Fürbitte:

Die Corona-Zeit ist die ärgste Zeit meines Lebens. Man wartet auf ein Baby und es kommt nicht und kommt nicht ... Es wird doch schon erwartet und wie ein eigenes Kind herzlich willkommen geheißen! Bitte betet, dass die Adoption endlich gelingen kann!

Wir lasen die Fürbitte vor und baten die Muttergottes, sie möge doch ihre Hand auf alle Formalitäten legen und die Herzen der Beamten berühren, damit sich die jungen Eltern endlich ihres Kindes erfreuen können.

Schon wenige Tage danach schrieb uns die Oma nochmal an, denn es geschah Unglaubliches: Auf einmal bekam das junge Ehepaar das ersehnte Baby. Es war völlig unerwartet und selbst die Beamten sprachen von einem „Wunder“. Die Oma berichtete:

Wir sind alle glücklich und lieben das Kind so sehr! Es ist ein Segen für die ganze Familie, das Gebet ist nie umsonst!

36. AUS MOBBING WURDE FREUNDSCHAFT

Frau Gertrude* hatte einen Enkelsohn, der sich mit seinen Klassenkameraden schwer tat. Es machte ihm keine Freude mehr, in die Schule zu gehen, da die Situation in der Klasse immer schlimmer wurde. Gertrude holte ihren Enkelsohn öfters von der Schule ab. Es tat ihr jedes Mal leid, zusehen zu müssen, wie das Kind unter Mobbing und dem Ausgeschlossensein litt. Er schaute neidvoll auf seine Kameraden, die immer in der Gruppe die Schule verließen. Er hingegen ging immer allein. Seine Schwierigkeiten, Anschluss zu finden, hatten auch damit zu tun, dass seine Familie gläubig war und er jeden Sonntag in die Kirche ging. In der kleinen Ortschaft rief dies Aufsehen und Spott hervor.

Eines Tages nahm sich Frau Gertrude vor, der Gebetsbewegung „Gott kann" beizutreten und in diesem Anliegen zu beten.

Doch einige Tage später bekam sie eine erschütternde Nachricht von ihrer verzweifelten Tochter: Das Mobbing an Oskar hatte sich dermaßen zugespitzt, dass ihn seine Kameraden aus dem Fenster gestoßen hatten.

Gertrude fragte sich: „Jesus, ist es das, was das Gebet bewirken soll? Dass mein Oskar am Ende noch ins Krankenhaus muss?" Sie malte sich in Gedanken schon aus, was dem Kind alles hätte passieren können, denn der Klassenraum befand sich im 2. Stockwerk. Aber sie gab nicht auf und betete weiter. Auch an Missio Österreich schrieb sie eine Bitte um Gebetsunterstützung. Und Gott antwortete ihr schnell. Am Abend rief sie Oskar an. Sie schrieb uns:

Sie werden es nicht glauben! So eine fröhliche Stimme von ihm habe ich überhaupt noch nie erlebt!

Nicht nur, dass ihm selber nichts passiert war. Er hatte nur ein paar Kratzer. Was ihm aber noch größere Freude bereitete: Die Schulkameraden besuchten ihn nun im Spital. Sie entschuldigten sich bei ihm, brachten ihm Spielzeug mit und verbrachten fast den ganzen Nachmittag bei ihm.

Mittlerweile sind einige Wochen seit diesem Unfall vergangen. Die Atmosphäre in der Klasse ist mit vorher nicht zu vergleichen. Selbst die Klassenlehrerin ist erstaunt. Sie selbst ist nicht gläubig, sagte aber zu Oskars Mutter bei einer Sprechstunde: „Vielleicht hat es doch der Himmel gesteuert."

Gertrude betet weiter für die Freunde ihres Enkelsohns und hofft, dass auch sie einmal zu Jesus finden.

37. DAS SIEGESKREUZ RETTET EINEN HALBEN WALD

Herr Albert* arbeitet mit Leidenschaft in einem Krankenhaus. Er ist evangelisch, schaut aber gerne bei der Mittagsmesse von Missio Österreich auf K-TV zu, er hört sich die Predigten an und feiert, soweit er kann, mit.

Durch die Mittagsmesse wusste er auch Bescheid von dem kleinen Siegeskreuz aus Brescia, mit dem Pater Karl am Ende jeder heiligen Messe die Gläubigen segnet. Albert spürte sofort, dass es sich um ein mächtiges Zeichen handelt, und er fühlte sich davon sehr angesprochen. So bestellte er gleich ein Kreuz für seine evangelische Heimatkirche.

Kurz danach, an einem Samstag zu Mittag, hörte Albert plötzlich einen lauten Feueralarm. Er schaute durchs Fenster und sah, wie ein nahegelegener Wald lichterloh brannte. Kurzentschlossen nahm Albert ein DIN A4-Blatt. Er druckte das Foto des Siegeskreuzes darauf aus und heftete das Blatt an einen Baum.

Einige Stunden später kam das „richtige" Siegeskreuz mit der Post an. Albert ging mit dem Kreuz hinaus und segnete den noch immer brennenden Wald sowie die Feuerwehrleute, die unermüdlich im Einsatz waren. Das war genau an jener Stelle, an der seine evangelische Gemeinde seit vielen Jahren einen Open-Air-Gottesdienst zu Weihnachten gefeiert hatte. Danach kehrte Albert nach Hause zurück.

Weitere Stunden vergingen bis Albert hörte, dass der Brand nun endlich gelöscht werden konnte. Er ging wieder in den Wald, um den Schaden zu begutachten, und er sah: Das Feuer hatte bis genau zu jener Linie gewütet, wo er das Siegeskreuz an einen Baum angeheftet hatte. Keinen Zentimeter weiter.

Albert atmete tief durch. Er hatte buchstäblich den Sieg Christi über das Feuer erlebt. Die Hälfte des Waldes konnte gerettet werden.

38. DIE ORGANE WUCHSEN NICHT MEHR

Frau Emilia aus der Steiermark war im dritten Monat schwanger. Sie erwartete Zwillinge. Die ganze Familie freute sich sehr, doch bald stellte sich heraus, dass sich bei beiden Embryonen die Organe nicht weiter entwickelten und dass die Babys wahrscheinlich noch während der Schwangerschaft oder direkt nach der Geburt sterben würden. So verwandelte sich die Freude für die ganze Familie in eine angstvolle Erwartung. Emilia war völlig verzweifelt und verunsichert fragte sie sich, was wohl der nächste Tag bringen würde.

Diese Tragödie kam auch dem Ortspfarrer zu Ohren. Er bot der Familie an, ihr beizustehen und für die Babys zu beten. Er rief auch bei Missio Österreich an und deponierte das Anliegen bei uns. Er sagte:

> *Die Babys sind zwar schon viereinhalb Monate lang im Bauch der Mama, aber die Ärzte geben ihnen keine Chancen ... Sie versuchen nicht einmal zu helfen, denn die Lage ist aussichtslos ... aber für Gott ist ja nichts unmöglich. Wir vertrauen einfach.*

Auch wir beteten also für die Babys und vertrauten sie der Fürbitte der Mutter Gottes an. Nach fünf Monaten rief uns der Pfarrer erneut an:

Sie werden es nicht glauben, was passiert ist: Die Organe begannen langsam, wieder weiter zu wachsen. Warum – weiß niemand. Und doch: Beide Babys kamen heil auf die Welt. Selbst die Ärzte sprechen von einem Wunder, denn es ist aus medizinischer Sicht nicht erklärbar. Die Familie ist ganz von dem Wirken Gottes überwältigt. Wir alle wurden Zeugen eines großen Wunders.

39. ES WAR WIEDER LEBEN IN IHR

Frau Christa ist Oma in einer Großfamilie. Ihre Enkelkinder bereiteten ihr immer wieder Sorgen – und so begann sie, für sie im Rahmen der Gebetsbewegung „Gott kann“ zu beten. Jedes Gesätzchen widmete sie einem anderen jungen Menschen – zwei davon hatten mit Süchten zu kämpfen. Schon nach ein paar Wochen erhielt Christa die Nachricht von einem der beiden Enkelkinder, das ihr erklärte, dass es ihre Gebete spürte.

Doch das größte Wunder geschah an einer anderen Enkelin: Sie konnte nun auf einmal ohne Drogen leben. Außerdem hatte sie auch eine Arbeit gefunden und machte zusätzlich noch eine Ausbildung. Besonders freute es Christa, dass diese Enkelin nach einer langen Abwesenheit aufgrund der Drogen nun wieder in die Großfamilie zurückgekehrt war. Auch ihr von den Drogen entstelltes Äußeres war wieder ganz schön geworden! Christa schrieb uns:

Früher, wenn ich sie umarmte, war kein Leben mehr in ihr, und sie hat schrecklich ausgesehen. Es war so unsagbar traurig. Es gibt viele Verwundungen aus dieser Geschichte, aber ich bete und vertraue weiter. Für mich war es der schönste Moment, wie sie vor drei Wochen zum ersten Mal wieder zum sonntäglichen Essen bei mir dazu gekommen ist. Ich bin ihr entgegengelaufen und habe sie umarmt und mich gefühlt, wie der Vater bei der Rückkehr des verlorenen Sohnes. Ich habe auch die Blicke der anderen gespürt, die noch nicht so fühlen.

Christas eigene Geschichte mit Gott beruhte auf einer späten Bekehrung. Deshalb fiel es ihr gar nicht schwer, das Verhalten ihrer Enkeltochter nicht zu verurteilen, während sich einige andere Familienmitglieder mit dieser Situation nicht so leicht taten. Sie erwarteten eine schnelle Entschuldigung, was jedoch für die Enkelin noch nicht möglich war.

Es ist ein zarter Beginn und alles andere braucht Zeit.
– schreibt Frau Christa.

Die Leute, die die Enkelin kennen, fragen Christa oft, wo denn die junge Dame in Therapie war. Dabei erklärt Frau Christa ihnen ihre tiefste Überzeugung: „Gott hat die Enkelin geheilt. Sie wollte nicht mehr leben, und jetzt lebt sie wieder!“ Und so konnten auch Außenstehende bei Christas Enkelin diese wundersame Verwandlung vom Tod zur Auferstehung beobachten.

Während dieser Zeit des eifrigen Gebetes machte Christa aber auch eine ganz persönliche Entdeckung: Durch das Gebet lernte sie die Muttergottes kennen und lieben. Maria wurde so zu ihrer ständigen Begleiterin auf ihrem Lebensweg.

40. ICH KREISTE BLOSS UM MICH SELBST

Frau Luisa aus Deutschland schrieb uns vor ein paar Monaten, dass es ihr psychisch, wie auch physisch schlecht ging. Seit Jahren litt sie unter Depressionen. Dazu kamen noch zahlreiche Schicksalsschläge, die sie hart getroffen hatten: Ihre Freundin beging Selbstmord. Aufgrund der Corona-Krise hatte Luisa ihre Arbeit verloren, und ihre Kinder rührten sich auch schon lange nicht mehr bei ihr. Luisa verbrachte also weinend ihre Tage zu Hause und sie grübelte, warum alles in ihrem Leben so schief lief.

Anfang Juli entdeckte sie unsere Mittagsmesse auf YouTube. Seither feiert sie fast jeden Tag mit uns über Livestream die heilige Messe.

Eines Tages schrieb sie uns eine E-Mail mit der Bitte um Kraft für sich selbst. Wir haben die Fürbitte anonymisiert und sehr allgemein vorgetragen. Ganz überraschend meldete sich nach der heiligen Messe eine Frau Theresa aus der Schweiz bei Missio: Sie fühlte sich besonders von der Fürbitte angesprochen und wollte mit Luisa in Kontakt treten. Eine Mitarbeiterin von Missio gab unüberlegt die E-Mail-Adresse von Luisa weiter.

Zurecht fühlte sich Frau Luisa gekränkt und war wütend, dass wir ihre Daten einfach an jemanden anderen weitergegeben hatten. Doch, es war zu spät: Theresa hatte bereits an Luise geschrieben, ihr den Beistand und das Gebet versprochen und angeboten, mit ihr in Kontakt zu bleiben. Luisa schrieb etwas verärgert an unsere Mitarbeiterin:

Wieso geben Sie überhaupt etwas von mir weiter? Was soll ich jetzt damit machen? Hab ich Sie etwa gebeten, mir einen Therapeuten zu suchen? Ich bin überfordert. Ich habe grundsätzlich keinen Kontakt zu Menschen und das wird sich wohl nicht mehr ändern.

Unsere Mitarbeiterin war sich bewusst, dass sie einen Fehler gemacht und zu spontan gehandelt hatte. Sie schrieb an Luisa und entschuldigte sich, dass sie unüberlegt ihre E-Mail-Adresse weitergegeben hatte. Sie erklärte ihr, es sei andererseits doch auch schön zu wissen, dass jemand für sie bete und sich für sie interessiere. Gott würde ihr jemanden als Beistand in dieser Corona-Zeit schicken. Darauf kam keine Antwort.

Wir beteten im Stillen weiter für Luisa, und unsere Mitarbeiterin war etwas besorgt, ob sie mit ihrer E-Mail an Luisa die Sache nicht vielleicht noch schlimmer gemacht hätte. Doch nach einigen Wochen schrieb uns Luisa nach längerer Zeit wieder:

Wie dankbar bin ich Ihnen doch für die heilige Messe, für Ihre Fürbitte und den Beistand, den ich durch Sie und durch Theresa (mit der ich jetzt regelmäßig schreibe) erfahre! Sie werden glauben, ich bin verrückt. Doch ich habe nach Ihrer E-Mail nochmal alles überlegt. Mit der Zeit kam auch bei mir die Freude auf über jemand, der sich für mich interessiert. Mir ist aufgefallen, dass ich, obwohl ich die Messe bei Euch mitfeiern will, gar keinen Bezug zu Gott hatte und es auch nicht einmal versucht hatte. Aber dann habe ich zu beten begonnen, zu singen ... Am Anfang war es ungewohnt, doch ich habe mich selber in meiner eigenen Wohnung singen gehört – mit Euch. Dann habe ich begonnen zu beten und Gott von meinen Sorgen zu erzählen. Ich habe mir beim Spazierengehen vorgestellt, Jesus geht mit mir (...). Anfang Oktober habe ich [im Hinblick auf die Depression] so eine große Verbesserung gespürt, dass mein Arzt gesagt hat, ich darf meine Dosis Medikamente [Psychopharmaka] verringern. Ich habe vor allem gesehen, dass der Grund meiner Depression ich selber bin. Ich kreise ständig nur um mich, ich will nur für mich allein das Gute! (...). Ich habe inzwischen – nach Absprache mit meinem Arzt – die Medikamente ganz abgesetzt. Ich brauche sie einfach nicht mehr, mir geht es gut. Auch viele von meinen körperlichen Beschwerden sind zurückgegangen. Mein Arzt ist kein Christ, aber als ich ihm alles erzählt habe, was Jesus an mir durch Sie getan hat, meinte er, er muss darüber nachdenken. Ich bin Ihnen so dankbar, so sehr! Jetzt möchte ich auch der Gebetsbewegung „Gott kann" beitreten. Ich will das, was ich selber durchs Gebet geschenkt bekommen habe, auch anderen schenken können ...

41. DER TUMOR IST WEG!

Herr Maximilian ist ein Österreicher, der in den USA verheiratet ist. Er war mit seiner Frau sehr glücklich und bald stellte sich heraus, dass sie schwanger war. Die Schwangerschaft verlief gut, das Kind kam aber mit einem offenen Rücken (spina bifida) auf die Welt. Maximilian und seine Frau nannten das Mädchen Gretchen.

Gott sei Dank war die Operation am Rücken erfolgreich und alle freuten sich, dass damit die Komplikationen zu Ende waren. Gretchen musste sich nur ab und zu Untersuchungen unterziehen, die schon zur Routine wurden.

Bei einer solchen Untersuchung wurde jedoch zufällig ein Tumor an einer Stelle im Kopf des Kindes entdeckt. Der Arzt erklärte den besorgten Eltern, dass eine solche Operation bei einem so kleinen Kind nicht ungefährlich sei. Die ganze Familie war durch den Gedanken an die Operation sehr verunsichert. Gretchen war ja erst 10 Monate alt!

Am Abend vor der Operation kam eine Cousine von Maximilian auf die Idee, an Missio Österreich eine Fürbitte zu schreiben und die Sache unter den Schutz Gottes zu stellen. Dies tat sie dann auch und schrieb uns an einem Donnerstag. Am Freitag beten wir in der heiligen Messe normalerweise für die Verstorbenen. Nachdem das Anliegen aber so dringend war, haben wir an jenem Freitag auch für das kleine Gretchen gebetet.

Die Operation dauerte sechs Stunden. Die Gefahr des Blutverlustes ist bei einem so kleinen Kind sehr groß, da man aufgrund der geringen Menge an Eigenblut nur wenig fremdes Blut dazugeben kann. Doch: Gretchen hat die Operation unwahrscheinlich gut überstanden. Selbst die Bluttransfusion war kein Problem. Der Tumor konnte ganz entfernt werden und es stellte sich heraus, dass der Tumor – anders als anfangs befürchtet – doch nicht bösartig war. Bis auf eine ganz leichte Chemo brauchte Gretchen gar keine größeren Behandlungen.

Die Familie ist unendlich dankbar für dieses große Wunder und dass sie nun endlich mit ihrem kleinen Kind glücklich leben können. Die Gebetserhörung hat auch die Dunkelheit in den Herzen der Eltern vertrieben und ihnen neue Hoffnung geschenkt.

42. DAS FIEBER WOLLTE NICHT SINKEN

Nehad ist 45 Jahre alt. Er hat eine Familie und wohnt in der Nähe von Vöcklabruck. Er ist im November an Corona erkrankt. Anfangs schaute es gar nicht gefährlich aus, doch bald verschlechterte sich sein Zustand. Schließlich musste er ins Krankenhaus eingeliefert werden. Zunächst bekam er neben einem lästigen Husten hohes Fieber, dann kamen andere Symptome hinzu. Nach einigen Tagen musste Nehad schließlich künstlich beatmet werden. Was den Ärzten aber noch mehr Sorgen bereitete: Sein Fieber wollte nicht sinken. 14 Tage lang fieberte Nehad sehr hoch und trotz medikamentöser Behandlung fiel die Temperatur nicht unter 38,2 Grad. Die Ärzte und die Familie waren ratlos und rechneten mit dem Schlimmsten.

Nach 14 Tagen schrieb uns Veronika, eine Bekannte von Nehad: Sie hoffte trotz der scheinbaren Aussichtslosigkeit immer noch auf Heilung und bat um eine Fürbitte für ihn. Sie schrieb:

> *Bitte, lieber Herr Jesus, heile Nehad, der seit Tagen mit Covid im Krankenhaus beatmet wird und dessen Fieber immer wieder viel zu hoch ist. Er hat keine Kraft mehr und sieht schon furchtbar mitgenommen aus.*

Da wir sehr viele Fürbitten bekommen, dauerte es eine Zeitlang, bis die Fürbitte bei der heiligen Messe vorgelesen wurde. Das Gebet wirkte auf einmal Wunder: Schon am nächsten Tag bekamen wir eine erfreuliche E-Mail: zum ersten Mal seit Beginn der Infektion war das Fieber gesunken! Nehad war vollkommen erschöpft, und seine Lunge wurde außerordentlich stark in Mitleidenschaft gezogen, doch die Familie konnte aufatmen: Er war nun außer Lebensgefahr und begann seinen Weg der Genesung.

Zum Erstaunen machte Nehad so schnell Fortschritte, dass er bereits nach zwei weiteren Tagen wieder ohne Sauerstoffzufuhr atmen konnte, dabei hatten seine Werte sich entgegen der Erwartung der Ärzte nicht verschlechtert. Eine Woche, nachdem die Fürbitte in der Messe vorgelesen worden war, konnte er entlassen werden. Davor hatte niemand zu hoffen gewagt, dass er so schnell wieder nach Hause gehen dürfe. Die Freude war riesig. Seine Frau und die Kinder waren erleichtert, die Normalität kehrte langsam zurück und alle konnten endlich aufatmen. Jesus hat der Familie den Zusammenhalt und die Freude neu geschenkt.

43. MEINE KREUZSCHMERZEN WAREN WEG

Frau Birgitt aus München litt öfter unter heftigen Kreuzschmerzen. Meistens traten sie bei Überlastung auf, und es dauerte immer eine lange Zeit, bis sie sich mithilfe vieler Tabletten und physikalischer Behandlungen einigermaßen wieder bewegen konnte.

Als sie eines Tages aufstehen wollte, spürte sie: Jetzt sind die Kreuzschmerzen wieder da. Doch diesmal hatte Birgitt aufgrund vieler familiärer Angelegenheiten überhaupt keine Zeit für Schmerzen! Sie war bedrückt und traurig. Was sollte sie nun tun? Beim Morgengebet übergab Birgitt ihr Leiden Jesus. Sie bat ihn: „Wenn Du willst, kannst Du mich heilen."

Bei der heiligen Messe, die Frau Birgitt jeden Tag online auf unserem Youtube Kanal mitverfolgte, legte Pater Karl wie immer alle Fürbitten auf den Altar. Er sagte dabei: „Und auch alles Leiden der Menschen, das wir nicht vorlesen konnten, legen wir Dir vor". Birgitt gefiel diese symbolische Handlung sehr. Auch sie selbst legte vor dem Fernseher symbolisch alle ihre Schmerzen auf den Altar. Still bat sie Jesus inständig: „Du kannst mich heilen."

Den ganzen Gottesdienst hindurch blieb Birgitt sitzen. Im Herzen wiederholte sie ihre Bitte: „Jesus, wenn Du willst, kannst Du mich heilen."

Nach dem Gottesdienst stand sie auf und musste feststellen: Die Kreuzschmerzen waren weg! Zur Sicherheit bewegte sie sich ein bisschen und ging die Treppe rauf und runter. Doch dann war sie sich sicher: Diesmal braucht sie keine Tabletten und Behandlungen. Jesus wollte sie heilen – und Er hat es getan.

44. DIE WUNDERBARE WIEDERBEGEGNUNG

Eine Familie aus der Nähe von Köln feierte fast jeden Tag die Mittagsmesse von Missio auf K-TV mit. Der Sohn ist neun Jahre alt, die Tochter 17. Die Mutter schrieb uns:

> *Wie in jeder Familie mit zwei Kindern kracht es auch bei uns ab und zu. Wir sind aber insgesamt glücklich und feiern fast jeden Tag die heilige Messe mit.*

Die Mutter, Brigitte*, schickte auch ab und zu Fürbitten an uns.

Eines Tages rief Brigitte erschrocken an: „Meine Tochter ist weg!" Es hatte vorher schon immer wieder einmal Streit gegeben. Beim letzten Streit, direkt bevor die Tochter Theresa* in die Schule ging, sagte sie zornig, dass sie von ihren Eltern nichts mehr hören wolle. Am Abend kam sie nicht nach Hause. Der Schreck bei der Mutter war riesengroß, denn das Handy war ausgeschaltet. Aber die Schulkameraden hatten nichts Außergewöhnliches wahrgenommen. Frau Brigitte ging zur Polizei, um Anzeige zu erstatten, doch die sagten ihr, dass es zu früh sei. Die Sorge der Mutter wurde einfach ignoriert, was ihre Verzweiflung nur noch steigerte.

Jetzt war ihr klar, dass nur Gott helfen kann. Sie begann mit ihrer Familie zu beten und die Muttergottes zu bitten, dass sie Theresa beschützen möge. Dann rief sie bei uns hier in Wien an. Sie sagte zu unserer Mitarbeiterin:

> *Bitte, beten Sie für meine Tochter. Ich bin selber überfordert, dazu ist ihr kleiner Bruder auch in Panik und lässt sich nicht beruhigen. Mein Mann hat auch die Fassung verloren, wir können alle mit der Situation nicht umgehen. Ich setze meine ganze Hoffnung darauf, dass meine Tochter die heilige Messe anschaut und dass ich sie auf diese Weise erreichen kann. Wir haben ja jeden Tag die Messe gemeinsam angeschaut. Vielleicht kommt sie auch selber auf die Idee.*

Die Tochter ist 17 und man weiß, wie gefährdet junge Frauen in diesem Alter heute sind. Am Freitag bekamen wir die Fürbitte, da war Theresa seit 24 Stunden abgängig. Wir lasen die Fürbitte vor, die auch die Bitte enthielt, dass die Tochter Kontakt aufnehmen möge. Am Freitag wird bei uns in der Kapelle normalerweise immer eine Seelenmesse für die Verstorbenen gefeiert. Doch die Bitte der verzweifelten Mutter war so dringend, dass Pater Karl die Fürbitte vorzog. Am späten Abend schickte uns die Mutter eine WhatsApp-Nachricht:

> *Ich bin verzweifelt. Seit der Messe sitze ich nur beim Handy und starre es an. Ich weise alle Anrufe ab, damit ich nur ja nicht den Anruf meiner Tochter verpasse. Aber sie ruft nicht an: Sie hat die Messe nicht angeschaut. Ich muss die Hoffnung aufgeben, doch ich kann es nicht ... Bitte ums Gebet!*

Wir von Missio haben ihr versprochen, dass wir weiterbeten werden. Mehr konnten wir auch nicht tun. Und dann bekam unsere Mitarbeiterin am Sonntag in der Nacht einen Anruf von Brigitte auf ihr Handy: „Meine Tochter ist wieder da!“ Das war eine Freude.

Inzwischen wissen wir auch, was passiert war: Die Tochter war einfach nach dem Streit zu einer Freundin in eine andere Stadt gegangen und hatte dort zwei Tage lang Spaß gehabt. Sie dachte gar nicht daran, dass sich ihre Familie Sorgen machen könnte und der kleine Bruder die ganzen Nächte durchweint. Doch dann fiel ihr ein, dass ihre Mutter immer viel Wert darauf gelegt hatte, dass sie am Sonntag an der heiligen Messe teilnahm. Sie hatte sich aber wegen ihrer Freundin, die nicht so gläubig ist, nicht getraut, diese zur Mitfeier der Sonntagsmesse auf dem Missio-Kanal einzuladen. Vielmehr verkroch sie sich am Abend unter ihre Bettdecke und während ihre Freundin duschte, schaute sie sich die Mittagsmesse von Missio an.

Und dann kam das Wunder: Versehentlich erwischte sie auf dem YouTube Kanal nämlich nicht die Sonntagsmesse, sondern ausgerechnet die Messe vom Freitag, bei der wir für sie gebetet hatten. Sie dachte sich: „Egal, Messe ist Messe.“ Bei den Fürbitten wollte sie ausschalten, weil sie sich die lange Liste nicht anhören wollte. Doch ihre Freundin fragte sie etwas, so dass sie abgelenkt war und nicht auf die Stopptaste drücken konnte. Und als sie weiter auf den Bildschirm schaute, hörte sie, wie Pater Karl gerade den Aufruf ihrer Mutter vorlas: „...denn es tut den Eltern leid. Sie bitten, dass sie sich meldet, sie warten auf sie und lieben sie“. Intuitiv wusste Theresa sofort, dass sie gemeint war. Sie hörte die Fürbitte nochmal an. Und da hatte sie plötzlich das Bild von ihrer weinenden Mutter und ihrer verängstigten Familie ganz stark vor Augen. Sie begriff sofort ihren Fehler, packte augenblicklich alles zusammen und fuhr mit dem nächsten Zug zurück.

Zu Hause angekommen, fand sie den weinenden Bruder und die Mutter, die abwechselnd auf das Display ihres Mobiltelefons und aus dem Fenster schaute. Es war wie in der Bibel: Als sie anläutete, lief ihr die Mutter entgegen, nahm sie in die Arme und beide weinten. Es waren Freudetränen.

Mutter und Tochter wissen seither, dass die Gebetserhörung nicht nur darin besteht, dass Theresa wieder zurückgekehrt ist. Beide haben im Herzen verstanden, dass sie einander brauchen. Auch wenn sie noch oft streiten: Die Liebe muss immer stärker sein. Gott will, dass Familien zusammenhalten. Danke, Jesus!

45. EINE GEBETSERHÖRUNG RETTET EIN LEBEN

Frau Eva ist 42 Jahre alt und eine Volksschullehrerin in einer kleinen Ortschaft in Oberösterreich. Sie liebt ihre Arbeit und ist immer für ihre Schulkinder und deren Eltern da. In ihrem schulischen Umfeld wurde sie von allen als freundlich und immer lächelnd wahrgenommen. Doch innerlich plagte sie sich schon seit längerer Zeit mit ihrer eigenen schwierigen Familiengeschichte. Sie konnte nicht über den Tod ihres Bruders und ihres Vaters hinwegkommen. Beide begingen Suizid, einer ein Jahr nach dem anderen und noch dazu am gleichen Tag. Frau Eva hat sonst keine Familie. Nach dem Tod ihres Vaters fühlte sie sich innerlich leer. Als ihr Bruder ein Jahr später am gleichen Tag auch Selbstmord beging, war sie durch die schlimmen Ereignisse innerlich zerbrochen. Sie schrieb an Missio:

Ich habe den Eindruck, ich habe keine Gefühle mehr.

Eva schrieb mehrmals Fürbitten an uns. Sie fühlte sich einsam, allein, verlassen und ihre einzige „Familie“ fand sie nur noch bei der Mittagsmesse von Missio auf dem Livestream.

Als sich der Todestag ihres Vaters und ihres Bruders näherte, ging es ihr trotz der Verbundenheit mit Missio immer schlechter. Sie hatte Albträume und Ängste. In der Schule konnte sie sich zusammenreißen, um für die Kinder da zu sein, als sie aber nach Hause kam, weinte sie regelrecht und konnte sich nicht beruhigen. Die heilige Messe, die sie immer abends nachfeierte, gab ihr zwar ein wenig Kraft und Hoffnung, doch auch diese Momente waren sehr schnell vorbei und Frau Eva weinte noch mehr.

Schließlich entschloss sie sich, am Todestag ihres Vaters und ihres Bruders ihrem Leben selber ein Ende zu setzen. Ein paar Tage davor hatte sie alles vorbereitet: Sie übergab ihre Klasse einer anderen Lehrerin, schrieb Abschiedsbriefe und putzte das Haus. Auch an unsere Mitarbeiterin schrieb sie eine E-Mail, die sie aber zeitlich so eingestellt hatte, dass sie erst nach ihrem Tod abgeschickt werden sollte. Darin hieß es:

Bittet für mich bei der Seelenmesse, dass mir Gott die große Sünde verzeiht. Ich kann nicht mehr leben, selbst wenn ich es wollte.

Am Mittwoch, dem Tag, an dem sie sich das Leben nehmen wollte, hatte sie sich von der Schule frei genommen. Sie dachte dann: „Heute ist der letzte Tag, an dem ich noch einmal eine Mittagsmesse LIVE mitverfolgen kann und an dem ich nicht bis zum Abend warten muss.“ Das wollte sie noch tun. In der Predigt hörte sie dann Pater Karl sagen, dass er wegen eines Versehens eine Gebetserhörung nicht wie gewöhnlich am Donnerstag, sondern gleich an diesem Mittwoch vorlesen würde. Das irritierte sie zunächst, sie dachte: „Jetzt muss ich mir auch noch anhören, wie gut es den anderen geht.“ Sie hörte aber trotzdem zu. An die Fürbitte für das Mädchen, das verschwunden gewesen war, konnte sie sich noch gut erinnern.

Als Eva die Gebetserhörung hörte, flossen ihre Tränen. Daraufhin schrieb sie an Missio:

> *Ich konnte so gut mit der Familie mitfühlen, es ist schrecklich jemand zu verlieren, den man liebt. Doch mir wurde auch bewusst: Man spielt nicht mit dem Gebet, man legt es in die Hände Gottes und übergibt es Ihm. Ich kann nicht für meinen Vater und für den Bruder beten und an der Vergangenheit festhalten. Ich muss sie endlich loslassen (...), denn Gott wartet auf mich mit offenen Armen. Er will, dass ich zu Ihm zurückkehre, dass ich lebe.*

Nach der heiligen Messe fühlte sich Eva wie neugeboren. Sie schrieb an unsere Mitarbeiterin:

> *Sie haben mir wortwörtlich das Leben gerettet. Ja, es war Gott. Ich war aber noch nie für einen „Fehler" so dankbar wie für diesen: dass Sie die Gebetserhörung einen Tag früher vorgelesen haben. Danke!*

46. DIE VERSPROCHENE ARBEIT

Lukas aus Deutschland war nach seinem Studium auf der Suche nach einer Anstellung als Informatiker. Für eine kurze Zeit hatte er eine Arbeit, doch aufgrund der Corona-Krise verlor er sie bald wieder. Lukas war verzweifelt, denn mit dem Verlust der Arbeit wurde ihm zugleich bewusst: In dieser Situation des Lockdowns eine Anstellung zu finden, ist fast nicht möglich.

Lukas hat aber eine kluge Oma, Eleonore*, die an den Enkel glaubt und ihn anspornte, es noch einmal zu probieren. Zunächst weigerte sich der junge Mann, doch die Oma ließ nicht locker, sie versprach ihm ihr Gebet und ermutigte ihn, nochmal eine Bewerbung zu schicken. Das tat er dann auch.

Eleonore rief uns dann an und sagte:

> *Ich habe eine ganz dringende Fürbitte. Ich habe meinem Enkel versprochen: Er kriegt die Arbeit. Ich kann ihn nicht enttäuschen.*

Wir beteten also für Lukas und um eine Anstellung. Einige Tage später rief die Oma wieder an: „Könnten Sie noch einmal für mein Enkelkind beten?“. Auf die Frage, ob er die Arbeit denn bekommen habe, sagte sie: „Nein, gestern hat er eine Absage bekommen. Aber ich bete weiter. Sie werden ihn schon in dieser Firma brauchen können. Ich habe ihm versprochen, er bekommt diese Arbeit. Jesus hat mich noch nie im Stich gelassen. Bitte, beten Sie weiter mit.“ Auf die Frage, ob sich der Enkel denn weiter bewerbe, sagte die Oma: „Eben nicht. Er ist verzweifelt, halb depressiv. Aber glauben Sie mir: Wenn Sie beten und ich bete, bekommt er noch die Arbeit.“. Diesmal lasen wir die Fürbitte für Lukas auch laut vor. Wir beteten schlicht dafür, dass er eine Arbeit bekommt. Die genaueren Umstände überließen wir Gott.

Zwei Tage nachdem die Fürbitte bei der heiligen Messe vorgelesen worden war, rief uns Oma Eleonore wieder an. Sie sagte: „Die alte Oma hatte doch recht. Lukas hat mich angerufen und gesagt, ich soll nicht mehr beten, es ist aus. Aber für mich war es nicht aus. Heute hat er nochmal angerufen: Derjenige, der die Stelle bekommen hatte, sagte einfach ab. Dann haben sie gleich meinen Enkel angerufen. Er hat jetzt nicht nur die Arbeit bekommen, sondern konnte sogar die kleine Wohnung von dem Kollegen beziehen. Gott gibt mir immer mehr als nur das, worum ich Ihn bitte. Danke für eure Unterstützung!“

47. ICH MÖCHTE WIEDER SEHEN!

Frau Brigitte und ihr Mann Günter feiern seit März immer gemeinsam die Mittagsmesse auf K-TV mit. Sie kommen aus Deutschland, doch mit Missio Österreich fühlen sie sich besonders verbunden. Sie machten in ihrem Leben oft die Erfahrung, dass Gott ihnen auf eine besondere Art half. Deshalb legten sie auch immer öfter alles, was ihnen Sorgen bereitete, in geistiger Weise auf den Altar.

So war es auch, als die Sehkraft von Frau Brigitte stark nachließ. Das Ehepaar wusste zwar, dass es in ihrem Alter nichts Ungewöhnliches ist, denn Frau Brigitte ist schon 70. Sie hatte aber noch viel vor und wollte weiterhin mit dem Auto fahren, lesen und einfach normal in ihrem Alltag funktionieren. Das alles konnte sie nun auf einmal nicht mehr. Frau Brigitte wusste aber: Für Gott ist nichts unmöglich. So wie Jesus so viele Menschen im Evangelium geheilt hat, kann er auch sie heilen. So legte Frau Brigitte auch diesmal ihr Leiden auf den Altar. Bei der Gabenbereitung, als Pater Karl die Mitfeiernden einlud, auch ihre Bitte geistlich vorzubringen, bat Frau Brigitte um Wiedererlangung ihrer Sehkraft. Beim Segen am Ende der heiligen Messe nahm sie wie Pater Karl auch ihr eigenes Siegeskreuz in die Hand und legte es auf ihr krankes Auge. Sie machte ein Kreuzzeichen drüber und vertraute alles Jesus an.

Einige Monate später schrieb uns Frau Brigitte dankend eine E-Mail: Sie kann wieder sehen – und zwar: ganz normal und ohne Abstriche. Sie kann wieder lesen, Auto fahren und den Alltag so meistern, wie sie es gewohnt ist. Danke Jesus!

48. DER KREBS IST NICHT MEHR NACHWEISBAR

Frau Klaudia* wohnt weit weg von ihrer älteren Mutter und deren Bruder, der an Darmkrebs erkrankt ist. Diese Art von Krebs gilt als besonders schwer heilbar – und Klaudia fühlte sich mit jedem Telefonat, das sie mit ihrer Mutter führte, immer bedrückter. Der Onkel wurde schwach und immer schwächer.

Schließlich kam auch die schlechteste Diagnose, die sich die Familie nur vorstellen konnte: Der Onkel war „austherapiert“. Die Ärzte konnten ihm nicht mehr helfen. Der Krebs war unheilbar.

Die Familie fragte sich: „Ist es also aus? Können wir wirklich nichts mehr tun? Bleibt uns nur noch das Warten auf den Tod?“ Und irgendwie spürten alle im Herzen: Nein. Denn Gott ist auch noch da.

Frau Klaudia schrieb eine Fürbitte an Missio Österreich. Sie beschrieb kurz die Situation und bat um Heilung für den Onkel: „Jesus – du kannst es doch!“

Einige Wochen danach schrieb uns Klaudia wieder, denn es war Unglaubliches geschehen. Bei einer nochmaligen Nachuntersuchung mussten die Ärzte zum Erstaunen aller feststellen: Es ist nichts mehr vom Krebs im Darm nachweisbar!

Damit hatte niemand gerechnet. Der Onkel war mit einer Todesdiagnose zur Untersuchung hingefahren – und er ist gesund zurückgekommen. Er musste zwar noch einige Male ins Krankenhaus, denn der Körper war sowohl durch die Krankheit wie auch durch die vielen Therapien schon sehr geschwächt. Doch: Krebskrank war er nicht mehr.

Die ganze Familie ist Gott für sein heilbringendes Wirken sehr dankbar. Sie haben den geliebten Bruder und Onkel nun wieder bei sich.

49. DAS FOTO UNTER DEM SIEGESKREUZ

Frau Elfriede aus Oberösterreich wurde nach vielen Jahren Ehe von ihrem Ehemann verlassen und wohnt seither alleine. Sie kommt nur schwer mit der neuen Situation zurecht, doch am schwersten fällt ihr, dass der Ex-Mann gegen sie intrigiert und ihren gemeinsamen Kindern Böses über sie erzählt. Am Anfang wollten sich die Kinder nicht darauf einlassen. Doch der Exmann spielte sehr viel mit ihren Emotionen, rief traurige Situationen aus der Kindheit in Erinnerung und betonte ständig, wie sehr die Kinder doch von der Mutter verletzt worden waren.

Elfriede wusste sich nicht mehr zu helfen und rief uns an. Sie sagte „Ich bin zu schwach, um mit meinen eigenen Kindern zu kämpfen, ich kann mich nicht verteidigen. Natürlich habe ich vieles anders gemacht, als ich es im Nachhinein machen würde, aber wer tut das nicht?" Eine unserer Mitarbeiterinnen hat Elfriede geraten, nicht mit der gleichen Waffe wie der Exmann zu kämpfen und nicht Böses über ihn zu erzählen. Frau Elfriede sagte darauf: „Na gut. Dann werde ich alle segnen. Das Siegeskreuz habe ich ja."

Immer wieder fragte sich Elfriede, warum sich wohl noch nichts geändert hatte. Am meisten tat ihr der jüngste Sohn weh, der Ende 20 ist. Er hat eine Freundin, bald wollen sie heiraten. Aufgrund der schlechten Nachrede des Vaters hat er aber seit ein paar Jahren den Kontakt zur Mutter vollständig abgebrochen. Elfriede erfuhr nur zufällig über eine Bekannte, dass seine Hochzeit bevorsteht. Sie wollte so gerne daran teilnehmen, der Sohn hatte aber ihre Telefonnummer blockiert. Daher hatte sie nicht einmal die Chance, etwas in dieser Hinsicht zu verändern.

Elfriede rief also zu Gott. Sie stellte das Foto des Sohnes unter das Siegeskreuz und sagte zu Jesus: „Solange ich ihn nicht sprechen kann, musst du auf ihn aufpassen. Mach, dass er mich anruft."

Es dauerte nicht lange, da meldete sich der jüngste Sohn von sich aus: „Mama, ich möchte mit dir reden", sagte er. Elfriede war mehr als erstaunt und fürchtete, dass das Gespräch mit weiteren Vorwürfen verbunden sein würde. Doch der Sohn kam zu ihr, er umarmte die Mutter und sagte erst einmal gar nichts. Frau Elfriede war zu Tränen gerührt und sagte nur zu ihm: „Es ist schon gut". Der Sohn entschuldigte sich mehrmals bei seiner Mutter, und er erzählte ihr viel aus der Zeit, als sie jahrelang keinen Kontakt zueinander hatten. Dann versicherte er ihr, er würde sie zu seiner Hochzeit einladen, sobald ein Termin feststeht.

Ein paar Tage später läutete es wieder an der Tür. Als Frau Elfriede aufmachte, stand eine Kiste mit köstlichen Äpfeln vor der Tür. Darauf war ein Zettel geklebt: „Danke Mama". Nicht nur die Kiste Äpfel, sondern vor allem die große Überraschung, dass ihr jüngster Sohn zu ihr zurückkam, bereitete Frau Elfriede besonders viel Freude. Nun stellte sie das Foto des Sohnes zurück auf seinen Platz. Unter das Siegeskreuz legte sie hingegen seine ältere Schwester, auf die Elfriede nun wartet …

50. ICH BEGANN FÜR MEINEN PFARRER ZU BETEN

Frau Mechtild lebt alleine. Sie ist schwer krank und fast durchgehend bettlägerig, nur manchmal kann sie aufstehen und sich ein wenig bewegen. Viel ist es nicht. Und so schafft sie es zum Beispiel nie, in die Kirche zu gehen. Sie wird zwar gut und liebevoll betreut, aber weder ihre Kinder, noch ihre Pflegerin sind gläubig. Niemand versteht, dass Mechtild Gott keine Vorwürfe macht, sondern Ihn trotz ihres physischen Zustandes liebt und das Leiden für ihre Familie aufopfert. Frau Mechtild kämpft sich tapfer durch das Leben, aber sowohl die Einsamkeit, wie auch das völlige Unverständnis der Familie, machen sie oft sehr traurig.

Als die Kinder Mechtild fragten, was sie sich denn zu Weihnachten wünsche, war ihre Antwort klar: einen Fernseher, mit dem sie K-TV empfangen kann. Manchmal kam nämlich eine Nachbarin zu ihr und dann feierten sie gemeinsam die heilige Messe bei Missio auf Livestream mit, weil die Nachbarin einen kleinen Tablet, das ist ein tragbarer und flacher Computer, besaß. Die Nachbarin erzählte Mechtild, dass es einen Fernsehsender gibt, der dreimal in der Woche die heilige Messe aus der „Licht-der-Völker-Kapelle“ überträgt. Da Mechtild eine große Sehnsucht nach Jesus hat, war diese Nachricht für sie „wie eine Offenbarung“ – wie sie selber sagt.

Die Kinder kamen der Bitte der Mutter nach, und so bekam Frau Mechtild zu Weihnachten ein Fernsehgerät, auf dem der K-TV Kanal vorinstalliert war. Mechtilds Tag bekam sofort ein klares Zentrum: Die Mittagsmesse aus der „Licht-der-Völker-Kapelle“ in Wien war für sie das Highlight. Doch je länger sie dabei war, umso mehr wuchs in ihr die Sehnsucht, Jesus in der heiligen Kommunion zu empfangen. Von ihrer Pfarre fühlte sich Frau Mechtild vergessen. Seitdem dort ein neuer Pfarrer wirkte, musste man sich jeden Monat während der Corona-Zeit zum Empfang der Sakramente anmelden, und das tat niemand für Mechtild. Immer wenn sie ein bisschen mehr Kraft hatte und telefonieren konnte, war das Pfarrbüro nicht mehr besetzt. Die Kinder dachten auch nie daran anzurufen, selbst nach mehrmaliger Bitte der Mutter. Jedes Mal, wenn unser Ministrant Marcel das Gebet zur Geistlichen Kommunion in der Kapelle vorlas, entbrannte in Mechtild die Sehnsucht neu: „Jesus, ich möchte so gerne, dass Du zu mir kommst." Das wiederholte sie in ihrem Herzen immer wieder.

Eines Tages sprach Pater Karl in der Predigt, dass man für die Priester beten solle, dass man nicht über sie urteilen darf, sondern sie viel mehr unterstützen solle. Das gab Mechtild viel zu denken: „Ich liege hier die ganze Zeit. Dass ich für meine Kinder bete, ist doch selbstverständlich. Aber für den Pfarrer, da finde ich nie die Zeit. Was bin ich nur für eine!" Mechtild nahm sich fortan vor, täglich für ihren Pfarrer zu beten. Sie sagte zu Jesus: „Ich bete jetzt so lange, bis jemand von selber kommt und Dich mir bringt!"

Es dauerte zwei Wochen.

An einem Vormittag läutete es schließlich an der Tür. Mechtild war sich sicher, dass es ihre Betreuerin sei und schrie nur: „Bitte herein!" Als sie sah, wer reinkam, erstarrte sie. Ein junger, großer Mann mit schneebedeckter Haube stand vor ihr. Anfangs hatte sie Angst und fragte sich, wer dieser Eindringling wohl sei, doch er stellte sich ihr vor: „Ich bin der neue Diakon der Pfarre. Ich habe zufällig die Pfarradressen und -chroniken durchgeschaut und bin dabei auf Sie gestoßen. Sie waren ja noch vor ein paar Jahren bei uns in der Pfarre sehr aktiv. Ich habe mich informiert und jemand sagte mir, Sie liegen nur noch im Bett. Deshalb wollte ich Ihnen die heilige Kommunion bringen."

Frau Mechtild war außer sich vor Freude. Sie fühlte sich von Jesus umarmt, beschenkt und erhört. Ihr Gebet war nicht umsonst gewesen! Doch ebenso war sie sich sicher: Hätte sie innerlich den Schritt nicht getan, dem Pfarrer zu vergeben und für ihn zu beten, so wäre Jesus nicht so schnell zu ihr gekommen. Nur mit reinem Herzen war sie bereit, Ihn zu empfangen. Er selber hatte ihr Herz durch das Gebet auf die Kommunion vorbereitet. Der Diakon versprach ihr, öfters mit der heiligen Kommunion zu ihr zu kommen. Seitdem ist sie sich sicher: Es werden Zeiten kommen, da werden auch ihre Kinder noch gläubig. Denn Gott lässt kein Gebet unerhört.

51. DER ERZENGEL MICHAEL BEENDET LÄSTIGE ANRUFE

Herr Dietmar* pflegt alleine und rund um die Uhr seine kranke Mutter. Manchmal, vor allem wenn er selbst einen schlechteren Tag hat, kann das recht schwierig sein.

Seit einigen Tagen fühlte sich Dietmar etwas kränklich.

Trotz des eigenen schlechten Befindens, sorgte er weiterhin liebevoll für seine Mutter. Deshalb war es besonders ärgerlich für ihn, als er immer wieder von Anrufen belästigt wurde. Die Nummer des Anrufers war unbekannt, umso mehr beunruhigte es ihn. Er versuchte zurückzurufen, aber niemand hob am anderen Ende der Leitung ab. Als Dieter die Mittagsmesse von Missio im Livestream mitfeierte, kam ihm eine Idee: Warum es nicht gemeinsam mit dem Erzengel Michael versuchen? Und er ging gleich „aufs Ganze“: An die Telefonnummer, die ihn verfolgte, schickte er per SMS das Erzengel-Michael-Gebet.

Er bekam keine Antwort, aber auch keinen Anruf mehr. Seither wird Dietmar durch keine weiteren Anrufe von Unbekannten mehr belästigt.

52. DIE ORDENSSCHWESTER ERBAT DIE BEKEHRUNG

Schwester Gloria* gehört einer Ordensgemeinschaft in Wien an. Sie ist eine begeisterte Beterin bei der Gebetsbewegung „Gott kann“. Vor einiger Zeit schrieb sie uns:

Weil es eine Bewegung ist, möchte ich auch etwas BEWEGEN.

Schwester Gloria hat fünf Nichten und Neffen in ihrer Familie, und so betet sie täglich einen Rosenkranz für alle fünf. Einer der Jugendlichen liegt ihr besonders am Herzen: Philipp*, der schon von klein auf eine besondere Liebe zur Stille hatte und auch gerne Zeit alleine verbrachte. Doch dann kam die Pubertät: Philipp veränderte sich von Grund auf. Er lief auf einmal den Mädchen nach, flirtete mit ihnen und gab damit bei seinen Schulkameraden an. Schwester Gloria machte sich Sorgen, ob er auf diese Weise überhaupt fähig sei, eine ernsthafte Beziehung zu führen. Ihr gefiel es nicht, wie er mit seinen Kameraden umging.

Nach Absolvierung der Schule studierte der Neffe von Schwester Gloria und ging ins Ausland. Sie verloren zwar den Kontakt zueinander, doch die Tante blieb dem Gebet für ihren Neffen treu, und sie trat auch der Gebetsbewegung „Gott kann" bei. Jeden Tag sagte sie Jesus, sie bete für alle, doch für Philipp ganz besonders.

Dann kam die Corona-Krise: Philipp musste in Wien bleiben. Er konnte nicht mehr im Ausland studieren. Er konnte in der Zeit des Lockdowns auch mit keinem Mädchen mehr flirten und blieb alleine in seiner Wiener Wohnung. Da kamen in ihm wieder alte Erinnerungen hoch: An seine Kindheit, die Zeit des Ministrierens und die vielen Gespräche mit der Tante, die im Kloster lebt. Also entschied er sich – teils aus Langeweile, teils aus echtem Verlangen – seine Tante im Kloster anzurufen.

Es begann mit einem kurzen „Wie geht's?", doch dann entwickelte sich das Gespräch weiter, und es folgten noch weitere Telefonate. Der Neffe besuchte schließlich auch die Tante im Kloster. Schwester Gloria führte viele Glaubensgespräche mit Philipp. Durch den häufigen Kontakt kamen sie sich näher, und mit der Zeit wurde sie zu einer wichtigen Vertrauensperson im Leben dieses jungen Mannes.

Durch diese Erfahrung wurde Schwester Gloria neu im Glauben ermutigt. Jetzt betete sie noch stärker für die anderen Nichten und Neffen und sie durfte erleben, dass auch diese mit der Zeit Gott immer näher kamen. Durch das treue Gebet der Ordensschwester kam der Glaube wieder zurück in die Familie. Wir danken Gott für diese wunderbare Wendung im Leben der Familie von Schwester Gloria – Er kann!

53. ICH WUSSTE: MEIN MANN WIRD WIEDER GESUND

Frau Maria ist eine begeisterte „Gott kann“-Beterin. Diese Worte „Gott kann!“ prägen ihr Leben. Sie sind mit der Zeit für sie zu einer Art Lebensmotto geworden.

Eines Tages im November erfuhr Frau Maria, dass ihr Mann eine Herz-Operation benötigte. Die Operation selbst verlief soweit gut, doch auf der Intensivstation stellte sich recht bald heraus, dass die Werte des Mannes schlechter wurden. Alle Anzeichen sprachen für eine innere Blutung! Er musste nochmal operiert werden. Danach war er so schwach, dass er gleich ins Koma fiel. Es folgten viele Wochen des Bangens und der Angst. Die Nieren versagten, der Mann bekam hohes Fieber, und alles sah sehr schlecht aus.

Als Maria, eine pensionierte Krankenschwester, ihren Mann auf der Intensivstation besuchte, sagten ihr die Ärzte, sie müsse nicht jeden Tag kommen, denn es sähe wirklich nicht gut aus. Für sie klang das so hart, als ob die Ärzte ihr sagen wollten: „Das war es auch schon“. Sie schaute die Ärzte nacheinander an und sagte langsam: „Mein Mann wird wieder gesund. Ich weiß nicht, woher die Kraft kommt, aber er wird wieder vollkommen gesund. Auch wenn Sie das alles jetzt nicht glauben können. Ich werde weiterhin jeden Tag hierherkommen.“

Es folgten viele schwere Tage. Aber Frau Maria war zuversichtlich und bat um Unterstützung im Gebet. Ein befreundeter Priester las für ihren Mann eine heilige Messe, und immer wieder wiederholte sie während der Messe: „Gott kann. Gott kann und wird mir helfen.“

Zu Weihnachten dachte Maria: „Jetzt muss bald ein Wunder geschehen!“ Und siehe da: Am zweiten Weihnachtstag bekam sie die Nachricht, dass die Nieren ihres Mannes wieder selbstständig arbeiteten. Es war ein großes Zeichen der Hoffnung! Sie wusste nun: Ihre Gebete waren nicht umsonst – Gott kann!

Sie sprach nun mit ihrem Mann, der immer noch im Koma lag. Als sie ihm einige Lieder vorsang, konnte man am Monitor beobachten, wie sein Herz höher schlug. Für Frau Maria war das ein Beweis dafür, dass er wieder ins Leben zurückkommen werde. Bald darauf wachte ihr Mann aus dem Koma auf. Jeden Fortschritt, jedes Lebenszeichen konnte Maria mit Freude wahrnehmen. Er drückte zum ersten Mal wieder ihre Hand, reagierte mit den Augen, dann wurden ihm die Schläuche am Hals entfernt. Nun war sich Frau Maria sicher: Ja, Gott kann!

Ende Jänner konnte Marias Mann die Intensivstation verlassen. Heute benötigt er keine Pflege mehr. Er fühlt sich fit und nimmt nur noch einige Medikamente. Die Herzoperation und ihre schmerzlichen Folgen sind längst vergessen, doch ein Erlebnis bleibt im Herzen des Ehepaares lebendig: Gott kann!

Frau Maria ist sich nun sicher: Gott kann – und Er will uns helfen, auch wenn andere aufgeben wollen. Er kann.

54. JESUS HAT MICH ANGESEHEN

Herr Otto bestellte zwei kleine Siegeskreuze in unserem Missio Shop. Das eine für sich, das andere für eine Person, die ihm Jesus noch zeigen sollte. Otto hat viele Freunde und Bekannte, doch schlussendlich wusste er nicht, wem er das Kreuz schenken sollte. Otto ist ein nüchterner Mensch. Daher dachte er sich nach einiger Zeit: „Na gut. Wenn es nicht sein soll, dann soll es eben nicht sein. Das zweite Kreuz hat auch in meiner Wohnung einen schönen Platz."

Doch eines Tages ergab es sich, dass Ottos Nachbarin zu Besuch kam. Sie erzählte ihm und seiner Frau von ihrem schlimmen Leiden und einer schweren Krankheit, die gerade bei ihr diagnostiziert worden war. Herr Otto schaute sie an und dachte sich: „Vielleicht kann ich ihr mit dem Kreuz ein bisschen Trost schenken. Jesus am Kreuz leidet ja auch, aber bei dem Siegeskreuz kann man sehen, dass Er schon der Auferstandene ist."

Herr Otto nahm das zweite Kreuz von seinem Platz und schenkte es feierlich der Nachbarin. Er freute sich aus ganzem Herzen, dass er damit etwas Gutes tun und die Frau trösten konnte. Doch bald musste er seinen Enthusiasmus wieder einbremsen. Die Nachbarin schüttelte nur den Kopf und sagte: „Ach, das kann ich gar nicht brauchen. Ich habe schon so viele fromme Sachen." Sie erzählte ihm dann, wo sie überall gewesen war, welche heiligen Orte sie besucht und welche Andenken sie von dort mitgebracht hatte. Otto war etwas erstaunt, denn obwohl sie bereits an so vielen Wallfahrtsorten war, konnte er bei ihr keinen inneren Bezug zum Glauben erkennen. So steckte er das Kreuz wieder ein, denn die Absage war mehr als klar. Im Herzen sagte er Jesus, Er solle sich nun selbst um die Angelegenheit kümmern. Denn Otto hatte alles Menschenmögliche probiert. Es hatte aber nicht funktioniert. Es sollte offensichtlich wieder einmal „nicht sein".

Doch ein paar Tage später läutete es an der Tür. Als Ottos Frau öffnete, stand die Nachbarin da: Der Anblick des Siegeskreuzes hatte ihr keine Ruhe gelassen. Sie konnte es sich selbst nicht erklären, und es war ihr auch peinlich. Aber sie war gekommen, um zu bitten, ob sie vielleicht doch das Kreuz bekommen könnte. Das Ehepaar lächelte und gab ihr das Kreuz. Otto freute sich sehr, dass es nun endlich seine Bestimmung gefunden hatte.

Es vergingen einige Tage, da kam die besagte Nachbarin wieder. Sie wollte sich von Herzen bei Otto bedanken. Sie sagte: „Dieses Kreuz hat etwas Besonderes an sich. Ich konnte nicht aufhören, es anzuschauen. Ja, Jesus hat mich angeschaut." Und sie fuhr fort: „Heute war ich beim Arzt. Ich bin gar nicht so krank. Es ist nur eine Kleinigkeit." Wir wissen nicht, ob es eine Fehldiagnose oder eine Heilung war, doch wir wissen: Jesus hat die Nachbarin von Otto die schlimmste Zeit gut durchstehen lassen. Es war Jesus, der sie gesegnet und beruhigt hat.

Nun danken wir zusammen mit Otto dem Herrn für das schöne Erlebnis seiner Nachbarin: Die vielen Pilgerfahrten, die sie bereits in ihrem Leben machen durfte, hatten doch nie den Herzensfrieden und die Geborgenheit bewirkt, die sie beim Anblick Jesu am Kreuz in ihrer eigenen Wohnung fand.

Otto bestellte danach noch mehr Siegeskreuze, denn er weiß, es gibt noch viele Menschen, die auf den Blick Jesu warten.

55. WIR BEKOMMEN NACHWUCHS!

Herr Franz hatte einen tiefen Glauben, den ihm die Eltern geschenkt und auch vorgelebt hatten. Dieser Glaube war es auch, der ihm im Jahr 2008 half: er stand vor einer gescheiterten Beziehung und hatte einen schweren Verlust zu verkraften. An Weihnachten verlor er seinen Vater, seinen Bruder und dessen Freundin bei einem Autounfall.

Trotz der Erfahrung des Scheiterns seiner letzten Beziehung wünschte er sich von ganzem Herzen eine Beziehung mit einer Partnerin, die seine Glaubensauffassung teilt und mitträgt.

Im Herbst 2010 lernte er durch einen Freund seine jetzige Frau Claudia kennen. Franz sagte ihr, dass er sich keine Beziehung ohne Glauben vorstellen könne, und sie ließ sich auf seine Bedingung ein. Sie redeten viel über Gott, und dadurch erlernte sie die Liebe und das Vertrauen zu Gott.

Obwohl zwischen Franz und Claudia ein größerer Altersunterschied bestand, heirateten sie schließlich 2016. Beide waren sich ganz sicher einander zu lieben und den Lebensweg gemeinsam gehen zu wollen. Auch die Enthaltsamkeit vor der Ehe war Franz wichtig, womit er Claudia überzeugen konnte. Nach der Hochzeit wurde der Kinderwunsch stärker. Da Claudia aber nicht und nicht schwanger wurde, konsultierte das Ehepaar einige Ärzte, doch überall bekamen sie dieselbe Auskunft: Ein Kind wäre nur mithilfe der künstlichen Befruchtung möglich. Das aber war für das Ehepaar undenkbar. Franz sagte zu seiner Frau: „Lieber lassen wir den Kinderwunsch sein, als dass wir es mithilfe der In-Vitro machen." Auch Claudia sehnte sich so sehr nach Nachwuchs, doch sie wusste: „Wenn es kommen soll, kommt es auf natürlichem Wege".

Irgendwann gab aber auch sie ihre Wünsche auf. Sie dachte sich: „Ich konzentriere mich auf die Arbeit und lasse alles andere sein. Wenn es nicht sein soll, dann soll es eben nicht sein. Sein Wille geschehe." Doch tief in ihrem Herzen wuchs der Wunsch nach einem Kinde mehr und mehr. Ihre Schwester wurde schwanger und brachte im August 2019 ein gesundes Mädchen zur Welt. Das Ehepaar nahm das

Schicksal an, es fiel beiden aber nicht leicht. Sie hielten an Gott fest und nahmen auch online an der Heiligen Messe bei Missio Österreich teil. Stundenlang konnten sie den Predigten zuhören – und die Worte bewegten sie sehr!

Der gemeinsame Freund, der sie seinerzeit zusammengeführt hatte, wusste über die Schwierigkeiten bezüglich des Kinderwunsches Bescheid, ermutigte sie und sagte: „Vertraut auf Gott, Er ist der Geber allen Lebens!“ Das weckte in beiden neuen Hoffnungen.

In den letzten Novembertagen zeigten sich typische Symptome einer Schwangerschaft, die mittels Tests bestätigt wurden. Als sie das Ergebnis sah, brach sie in Tränen aus: sie war schwanger!

Frau Claudia hatte sich immer schon ein Mädchen gewünscht – und sie sollte Julia heißen. Doch sie ließ sich überraschen. Sie wollte jedes Kind annehmen, das ihr Gott schenken würde. Schließlich wusste sie: Genau dieses Kind, das sie in sich trägt, ist ein Geschenk!

Ende Juli 2020 kam die kleine Julia gesund zur Welt. Sie wächst und gedeiht – und macht die Eltern jeden Tag glücklich. Frau Claudia ermutigt seitdem andere Frauen – sie sollen nicht verzagen, sondern beten, denn für Gott ist nichts unmöglich!

56. HATTE MEIN ENKEL EINEN SCHLAGANFALL?

Frau Margarethe ist 75 Jahre alt. Sie ist eine glückliche Mutter und stolze Oma. Die ganze Großfamilie wohnt zusammen in einem Haus – so dass sie ihre Enkelkinder immer sehen kann. Sie passt auf sie auf und weiß stets als erste – noch vor der Mama – Bescheid, wie es den Enkeln in der Schule geht. Die Familie ist glücklich, denn sowohl Margarethe wie auch ihr 85-jähriger Mann haben eine gesunde Balance zwischen Nähe und Wahrung der Privatsphäre zwischen den beiden Familien gefunden und sie helfen gerne, aber nur so viel wie gewünscht und nötig.

Niemand in der Familie wusste, was genau passiert war und durch wen die Krankheit in die Familie gekommen war, doch eines Tages läutete das Telefon: Das 14-jährige Enkelkind war mit Schlaganfall ins Spital gebracht worden!

Die ganze Familie stand unter Schock. Der 14-jährige Martin* war ein starker, gesunder Bursche – wie um alles in der Welt konnte er einen Schlaganfall erlitten haben?

Wenig später stellte sich heraus, dass der Schlaganfall eine Überreaktion des Immunsystems auf das Coronavirus war. Der Enkel musste ins Spital, die ganze Familie ließ sich testen. Alle waren positiv. Bald konnte Margarethe nicht mehr gehen, ihr Mann wurde bettlägerig ... Doch ihre größte Sorge galt Martin im Spital.

Margarethe fasste also den Entschluss, ihre ganze Hoffnung auf Gott zu setzen. Sie rief auch bei Missio Österreich an und bat um eine Fürbitte während der Heiligen Messe. Diese wurde auch vorgelesen. Jeden Tag flehte sie Gott an: Dass sie es überstehe, dass ihr Mann wieder vom Bett aufstehen möge, aber das Wichtigste ... Dass es dem Enkel wieder gut gehen möge.

Ein paar Wochen danach rief sie uns wieder an, sie war ganz berührt: Alle hatten die Infektion mit dem Virus unbeschadet überstanden. Selbst ihr Mann, bei dem es niemand erwartet hatte, wurde wieder vollständig gesund. Und Martin kam so schnell zu Kräften, dass er bald wieder mit seinen Freunden Fußball spielen durfte. Die ganze Familie ist froh und dankbar: Gott wirkt auch heute!

57. DAS SIEGESKREUZ HAT UNS VOR DEM BRAND GERETTET!

Frau Eva* ist Mutter und Großmutter. Sie hat 4 Kinder großgezogen und erfreut sich einer großen Schar von Enkelkindern. Ihr Mann sitzt im Rollstuhl und kann das Haus nicht mehr verlassen, umso mehr freuen sich die Eheleute, wenn die Kinder zu Besuch kommen.

So war es auch an jenem Freitag: Eva blickte aus dem Fenster, ihr Mann schlief schon im Bett. Sie freute sich, denn drei ihrer Enkelkinder hatten für den nächsten Tag ihren Besuch angekündigt. Das Haus würde sich wieder mit Leben füllen. Eva öffnete das Fenster, um kurz zu lüften, da roch sie Rauch. „Eigenartig" – dachte sie sich – „Es ist Sommer, wieso heizt da noch jemand?" Sie beobachtete kurz die Situation, es geschah aber nichts Außergewöhnliches. So machte sie sich wieder an die Arbeit. Es musste ja noch für die Enkelkinder gekocht werden.

Kurze Zeit später stand das Haus der Nachbarn in Flammen. Eva beobachtete mit Schrecken, wie schnell sich das Feuer verbreitete und da durchfuhr es sie wie der Blitz: „Mein Mann und ich, wir haben beide keine Chance." Bis sie ihren bettlägerigen Mann aus dem Schlaf geweckt und auf den Rollstuhl gesetzt hätte, wären sie wohl schon längst vom Feuer überwältigt worden. Ganz abgesehen davon, dass sie es alleine ohnehin nicht schaffte, ihren Mann zu heben. Sie rief die Feuerwehr an, und es wurde ihr gesagt, sie solle zuerst sich selbst retten. Doch das kam bei Eva gar nicht in Frage. Sie dachte sich: „Wir sind gemeinsam in dieses Haus gezogen. Entweder verlassen wir das Haus gemeinsam, oder wir sterben beide". In Panik schaute sie sich in der Wohnung um. Auf einem Regal sah sie das Siegeskreuz, das sie vor ein paar Monaten bei Missio bestellt hatte. Sie nahm es in die Hand, betete kurz, segnete das Feuer und stellte das Kreuz vor das Eingangstor. Als sie hinausblickte, sah sie mit Schrecken, dass die Flammen immer näher an ihr Haus herankamen.

Eva ging zum Bett ihres Mannes, der inzwischen wach geworden war, und umarmte ihn. Sie sagten einander, dass sie sich lieben und warteten gemeinsam auf den Tod. Von draußen hörten sie die Sirenen und wie sich die Feuerwehrmänner einander etwas zuriefen. Nach einiger Zeit schien sich alles wieder zu beruhigen.

Vorsichtig spähte Eva nach draußen. Das Nachbarhaus war bis auf die Grundmauern abgebrannt, der Nachbar war in den Flammen umgekommen. Eva ging vor ihr eigenes Tor und da sah sie, dass die Spuren der Verwüstungen durch das Feuer ganz genau nur bis zum Siegeskreuz reichten.

Ein Feuerwehrmann kam zu ihr und fragte, warum sie nichts geantwortet habe, als die Einsatzkräfte geschrien hatten, ob jemand im Haus sei. Das hatte Eva nicht einmal wahrgenommen. Sie sagte zum Feuerwehrmann: „Wissen Sie, das ist vielleicht auch besser so. So wissen wir, wer uns wirklich gerettet hat“.

58. PAULINE MARIE JARICOT HAT MICH INSPIRIERT!

Frau Beatrix ist 65 Jahre alt. Sie ist emeritierte Pädagogin und bemüht sich um ein Leben mit Gott. Als Missio Österreich die Biografie von Pauline Marie Jaricot, der Gründerin des Werks der Glaubensverbreitung (eines der 4 Päpstlichen Missionswerke), neu auflegte, fühlte sich Frau Beatrix sehr davon angesprochen.

Sie wohnt in der Nähe eines Klosters, das zum Ort der Einkehr für sie wurde. Sie betete dort regelmäßig und oft, dort fand sie in der belastenden Situation des Corona Lockdowns Ruhe.

Eines Nachts, als Beatrix den Rosenkranz betete, kam ihr ein ganz klarer Gedanke: Warum nicht bei diesem Kloster eine Rosenkranzgruppe gründen? Pauline Marie Jaricot brauchte ja auch keine großen Anlässe, um das Gute zu tun. Warum nicht einfach im Kleinen beginnen?

Beatrix spürte: Wir sind inmitten der Krise an einem Punkt angelangt, an dem uns Diskussionen nicht weiterhelfen. Jetzt hilft nur noch das Gebet. Deshalb soll, will und darf sie mit ihrer Gruppe um ein Ende der Corona-Pandemie beten, sowie für alle Politiker, die die Verantwortung für uns tragen. Spontan legte Beatrix für sich die wesentlichen Eckpunkte fest: Ein Treffen – nicht viel Aufwand – und die Menschen sollen aus Liebe, nicht aus Zwang kommen. Dies setzte sie anschließend in die Tat um.

Heute zählt die Gruppe 30 Personen. Sie treffen sich alle fünf Wochen, feiern gemeinsam eine Heilige Messe, beten gemeinsam den Rosenkranz und tauschen sich aus ... Danach beten sie wieder in Kleingruppen, bis zum nächsten Treffen. Wer möchte, kann auch allein beten. Der Prior des Klosters ist Frau Beatrix sehr dankbar. Er feiert die Heilige Messe für die Gruppe und freut sich, dass das Kloster wieder belebt wird. Beatrix freut sich auch auf neue Mitglieder der Rosenkranzgruppe – denn sie sieht: Gott geht mit ihnen!

So wie die Begeisterung von Pauline Marie Jaricot Frankreich veränderte, möchte auch Beatrix ihre Umgebung mit ihrer eigenen Begeisterung verändern. Und sie ist sich sicher: Es werden noch viel mehr Beterinnen und Beter werden. Ihr kleines Werk steht fest im Plan Gottes.

59. WIE LANGE HAT MEINE TOCHTER NOCH KRAFT?

Frau Eva hat eine Tochter, Monika*, die 100 km von ihr entfernt wohnt. Gott hat Monikas Familie mit zwei entzückenden Kinder gesegnet, die 9 und 4 Jahre alt sind. Die Familie war sehr glücklich, doch auf einmal ging es Monika gesundheitlich sehr schlecht. Sie konnte nicht mehr schlafen und nichts essen – und ihr Zustand verschlechterte sich rapid. Monika hatte keine Kraft mehr und lebte in ständiger Angst, dass es nicht besser wird. Tagsüber kümmerte sie sich liebevoll um ihren Mann und ihre Kinder, doch die ständige Müdigkeit, Schlaflosigkeit und der Mangel an Nahrung, den sie nicht beheben konnte, machten ihr immer mehr zu schaffen. Sie war bei verschiedenen Ärzten gewesen, aber keiner konnte ihr helfen. Mit der Zeit musste sie sich langfristig auch in der Arbeit krankschreiben lassen, denn dafür reichte ihre Kraft nicht mehr.

Eva feiert jeden Tag online die Heilige Messe bei Missio Österreich mit. So schrieb sie in ihrer Verzweiflung eine Fürbitte: Für die Tochter Monika, dass der richtige Arzt gefunden wird und sie eine Therapie bekommt, die ihr hilft.

Es dauerte einige Tage bis die Fürbitte tatsächlich vorgelesen wurde, doch dann ereignete sich Wunderbares: Genau an jenem Tag, als wir bei der Mittagsmesse für Monika beteten, war diese bei der Mutter zu Besuch. Sie wollte sich mit ihren Kindern bei der Oma ein wenig erholen und kurz aus dem anstrengenden Alltag entkommen. Dabei schaltete die Oma wie gewöhnlich die Mittagsmesse ein. Als die Fürbitte vorgelesen wurde, traf das Monika ganz tief. Sie wurde dermaßen von Gott berührt, dass es ihr von diesem Moment an immer besser ging. Bis dahin hatten alle gedacht, dass sie bald in eine Klinik eingewiesen werden müsse. Als Monikas Mann sie vom Kurzurlaub bei ihrer Mutter abholte, war er ganz überrascht, wie erholt sie aussah. Danach ging es ihr stetig besser: Sie begann wieder zu essen und zu schlafen und schließlich konnte sie sogar erneut zu arbeiten anfangen. Vor der Berührung durch Gott bei der heiligen Messe war daran nicht einmal zu denken gewesen.

In die Familie ist wieder das Leben eingekehrt – so wie es nur von unserem Gott des Lebens kommen kann.

60. DIE CHEMOTHERAPIE HINDURCH – MIT GOTT!

Frau Christine ist eine treue Zuseherin der Mittagsmesse – und sie ist für diese Möglichkeit sehr dankbar!

Eines Tages erhielt Christine eine furchterregende Diagnose: Brustkrebs mit Lymphknotenbefall. Zudem handelte es sich um eine aggressive und schnellwachsende Tumorart. Frau Christine überkam große Todesangst.

Ihre Gedanken kreisten wochenlang nur um Tod und Sterben. Sie fühlte sich wie gelähmt. Sie dachte, welch große Zumutung dies doch für ihre Angehörigen darstellte ... Doch bald fand Christine heraus, was ihr wirklich in der Situation helfen kann: Das Vertrauen auf Gott. Sie begann, wöchentlich ihren geistlichen Begleiter im

Kloster zu besuchen. Sie bat auch ums Gebet – auch wir beteten für Frau Christine! Als die Therapie begann, wurde Christine auch etwas ruhiger und schöpfte Kraft aus dem Glauben, der sie am Leben erhielt. Zudem erfuhr sie immense Unterstützung durch ihre Familie und viele Menschen beteten für Christine.

Rückblickend ist sich Christine sicher: Allein deshalb wurde ihr das Wunder der Heilung zuteil. Der Krebs ist vollständig verschwunden. Die Therapie hat wunderbar gewirkt und konnte trotz der Beschränkungen in der Zeit der Pandemie durchgeführt werden. Obwohl sie sich relativ schnell erschöpft fühlt, ist sie rundum positiv gestimmt. Christine schrieb uns dann:

Ich danke Gott jeden Tag dafür, dass ich da sein darf. Ich hoffe und bete, dass ich den lieben Menschen um mich herum Gutes tun darf und in jeder Begegnung Jesus erkenne.

61. ICH MÖCHTE MEINEN KLEINEN ENKEL IM ARM HALTEN!

Frau Theresa* hat sehr lange auf ihr erstes Enkelkind gewartet, doch dieses ist kurz nach der Geburt gestorben. Der Schmerz über diesen schweren Verlust war groß. Umso größer war dann die Freude, als es nach zwei weiteren Jahren hieß: Die Tochter ist nochmal schwanger!

Die ganze Familie begleitete die Schwangerschaft im Gebet und bat auch die Bekannten darum, zu beten. Die Schwangerschaft verlief gut. Im Jänner 2019 kam der kleine Julian* auf die Welt. Leider war er nicht gesund. Gleich nach der Geburt musste das Kind notoperiert werden. Es folgten Monate der Unsicherheit und der Angst: Was wird nun mit dem Kind werden?

In dieser Situation rief Theresa bei Missio Österreich an. Sie weinte am Telefon und sagte:

Bitte, beten Sie für das Kind und die Eltern. Ich kann das Leid nicht mehr mitansehen. Ich will helfen und kann es doch nicht. Heute wird mein Enkerl 2 Jahre alt. Ich habe ihn seit der Geburt noch nie gesehen, er ist ständig im Krankenhaus. Bitte beten Sie: Entweder darum, dass sich seine Werte bessern und er nach Hause darf, oder dass die Eltern innerlich bereit werden, ihn gehen zu lassen …

Eine Mitarbeiterin von Missio Österreich legte die Fürbitte in dieser Form in den burundischen Brotkorb. Doch Pater Karl las nur den ersten Teil vor: Dass das Kind gesund wird. Die verzweifelte Oma rief nochmal bei Missio an und sagte:

Wissen Sie, das hat mir ein bisschen Hoffnung gegeben. Wenn der Priester nur den ersten Teil vorgelesen hat – vielleicht wird das Kind doch noch gesund. Vielleicht hat Gott noch was mit ihm vor.

Die Hoffnung der Oma steckte auch gleich die Eltern an, die sie ermutigte. Auf einmal hatte die Oma die Kraft, der Familie zu helfen. Sie verstand: Sie kann viel helfen – indem sie betet und der Familie beisteht.

Weitere Wochen vergingen, als sich Theresa wieder bei Missio Österreich meldete: Diesmal äußerte sie den Wunsch, eine Priesterpatenschaft zu übernehmen. Sie erzählte voll Freude, dass sie ihren zweijährigen Enkel hatte im Arm halten dürfen. Seine Werte waren auf einmal gut und wurden immer besser; – so gut, dass ihm weitere geplante Operationen erspart blieben.

Er ist auf einem guten Weg der Besserung. Die ganze Familie, die damit überhaupt nicht gerechnet hat, ist außer sich vor Dankbarkeit. Das Leben, das dem Kind geschenkt wurde, soll auch in der Berufung eines Priesters verewigt werden – deshalb entschied sich die Oma, einen Priesterstudenten zu unterstützen.

62. MEINE FRAU DURFTE IN MEINEN ARMEN STERBEN

Herr Herbert wohnt in Deutschland. Er hat 2 Kinder und 4 Enkelsöhne und ist ein treuer Mitbeter von Missio Österreich.

Am 16. Mai 1996 erlitt Herberts Frau einen Schlaganfall. Nach einem 8-monatigen Klinikaufenthalt, empfing sie Herbert wieder zuhause – als Pflegefall. Mit Hilfe der Caritas pflegte er seine Frau liebevoll bis Dezember 2019.

An einem Dezembertag 2019 erlitt Herberts Frau einen epileptischen Anfall. Sie musste dringend ins Krankenhaus. Im Anschluss an den Krankenhausaufenthalt wurde sie in ein katholisches Pflegeheim mit stationärer Pflege überführt.

Für Herbert war das ein schwerer Schicksalsschlag, auch wenn er wie auch seine Kinder und Enkelkinder die Frau jederzeit besuchen durften. Herbert war sich sicher, dass sie beide gemeinsam die Krankheit durchstehen würden. Auch wenn damit zu rechnen war, dass am Ende des Weges der Tod stehen würde, war er sich dessen gewiss, dass Gott ihnen beisteht und war bereit, alles im Gebet zu tragen. Oft besuchte er mit seiner Frau, die im Rollstuhl saß, die schöne Kapelle des Pflegeheims. Dort beteten sie gemeinsam. Herbert erzählte ihr auch von den Stationen des Kreuzweges. Wenn er noch Zeit hatte, betete er mit ihr am Zimmer noch den Rosenkranz und sang Marienlieder. Die Heilige Messe, die einmal in der Woche im Pflegeheim gefeiert wurde, war immer der Höhepunkt der Woche. Bei diesen Gelegenheiten spürte Herbert, wie sich seine Frau auf den Empfang der Kommunion freute …

Er selber feierte die Messe öfters online bei Missio Österreich mit und brachte diese belastende Situation immer wieder vor Gott. Er hatte nur ein Verlangen: Dass sie den Weg gemeinsam gehen und dass sie ihn mit Gott gehen.

Am 29. Februar wurde Herberts Frau wegen akuter Atembeschwerden in das Ortskrankenhaus eingeliefert. Da es ihr von Tag zu Tag schlechter ging, bat Herbert um das Sakrament der Krankensalbung für seine Frau. Nach einigen Tagen verschied sie friedlich in ihrem Bett.

Zwei Tage nach ihrem Tod kam die Besuchsmöglichkeit vollends zum Erliegen. Aufgrund der Infektionsgefahr mit dem Covid-19 Virus und aus Sorge um ihre Bewohner und Patienten schlossen Pflegeheime und Krankenhäuser ihre Tore für Besucher. Für Herbert war das ein Beweis der Liebe Gottes, dem er doch alles anvertraut hatte: Es hätte ihm das Herz zerrissen, wenn er seine Frau nicht mehr hätte besuchen können. Er hat den gemeinsamen Weg Gott anvertraut und Gott hat dafür gesorgt, dass sie ihn bis zum letzten Atemzug seiner Frau gemeinsam gehen konnten. Dafür ist Herbert dankbar und er weiß: Auch, wenn sein weiterer Weg ziemlich einsam scheint, geht seine Frau vom Himmel aus weiterhin an seiner Seite mit.

63. NACH JAHREN WIEDER GEBEICHTET

Frau Claudia* kommt aus Hamburg. Sie kann sich ihr Leben ohne Christus nicht vorstellen und verstand sich immer als eine rechtgläubige Christin. Sie liebt die Kirche, doch aus vielen persönlichen Gründen hatte sie sich von der sakramentalen Beichte losgesagt. Seitdem waren sieben Jahre vergangen.

Aufgrund einer Krankheit kam Claudia nicht mehr außer Haus und konnte daher auch keine Heilige Messe mehr besuchen. Auf der Suche nach einer Möglichkeit virtuell mitzufeiern, entdeckte Frau Claudia die Mittagsmesse bei Missio Österreich – und feierte sie fortan treu mit. Die tägliche heilige Messe öffnete schrittweise ihr Herz. Claudia wurde mehr und mehr bereit, ihre sieben Jahre zurückliegende Entscheidung zu korrigieren. Auf einmal empfand sie die Sehnsucht nach der Beichte. Doch sie wusste selber nicht, was sie jetzt tun und welche Schritte sie setzen solle.

In ihrer Not entschied sich Claudia, Pater Karl einen Brief zu schreiben und um Rat zu fragen. Pater Karl ermutigte sie, ihrem eigenen Pfarrer von ihrem Wunsch zu erzählen. Das tat sie auch.

Der Pfarrer kommt jetzt fast alle 3 bis 4 Wochen, um sie zu besuchen. Er bringt Claudia die Heilige Kommunion und betet innig mit ihr. Frau Claudia schreibt uns:

Ich habe inzwischen aus vollem Herzen und unsagbarer Reue gebeichtet. Es war für mich Weihnachten und Ostern zugleich. Sie haben dazu reichlich beigetragen und ich bin sehr dankbar.

Der Pfarrer weiß, dass Frau Claudia jeden Tag mit viel Freude die online-Messe von Missio Österreich mitfeiert. Am 7. Februar – als die Messe von Missio nicht stattfinden konnte, bekam sie von ihm um 12.00 Uhr eine Nachricht: „Schade, dass die Messe aus Wien heute nicht übertragen wird. Ich wollte mit Ihnen verbunden sein, liebe Claudia!" Frau Claudia beschreibt die Besuche des Pfarrers:

Letzten Sonntag war er wieder hier, um mir die Kommunion zu bringen. Er kommt meistens nach unserer Gemeindemesse, ca. um 12.30 Uhr, und er bittet mich dann, die Messe aus Wien gemeinsam zu hören und zu feiern. Predigt, Fürbitten, Wandlung und dann den Empfang der „Kommunion. Können Sie sich vorstellen, wie berührt ich bin?

Claudia ist sich nun sicher: Die volle Einheit mit der Kirche und den Sakramenten brachte ihr den Frieden. Sie ist unglaublich dankbar für den Wandel und möchte nun, dass viele erfahren, wie Christus frei macht!

64. DER ANKER IN DER KRISE

Frau Johanna* ist 64 Jahre alt und wohnt in einem kleinen bayrischen Dorf, wo sich alle gut kennen und die meisten Einwohner noch regelmäßig in die Kirche gehen. Auch Johanna gehörte dazu und sie kam sich dabei auch immer recht gut vor. Jeden Sonntag ging sie in die Kirche und Gott war in ihrem Leben präsent. Die Kirche war für sie eine kleine Heimat, wo sie ihre Freunde treffen konnte, Informationen austauschte und auch erfuhr, welche Veranstaltungen es im Dorf gab – der Pfarrer wusste nämlich immer alles und teilte es auch gerne mit. Deshalb war Johanna untröstlich, als es auf einmal hieß: Coronabedingt dürfen keine Gottesdienste mehr stattfinden.

Johanna blieb traurig zu Hause und dachte: Ich hatte eine Familie in der Kirchengemeinde gefunden. Nun habe ich gar niemanden, der zu mir steht.

Nach ein paar Tagen rief Johanna ihre Tochter an, die weit weg von ihr wohnt und ein eigenes Leben führt. Sie haben nicht oft Kontakt und die Tochter ist sehr beschäftigt, doch in der großen Einsamkeit entschied sie sich zu einem Anruf. Die Tochter hörte den Klagen der Mutter über die immer größer werdende Einsamkeit und die Unmöglichkeit des Kirchganges geduldig zu und sagte ihr dann: Mama, du weißt aber schon, dass die heiligen Messen auch im Internet gefeiert werden? Das war Johanna neu. Sie erwartete sich nicht viel von einer Online-Messe, suchte aber nach einer Möglichkeit.

Auf ihrer Suche fand Johanna dann die Mittagsmesse bei Missio Österreich. Sie schaute einmal zu und die Predigt begeisterte sie: Pater Karl sprach nämlich nicht nur über die Freuden, sondern berührte auch die schwierigen Themen: Leid, hohes Alter, Einsamkeit, würdiger Sakramentenempfang ... Da gab es viele Denkanstöße und viele Themen, in die sich Johanna vertiefte.

Nach und nach stellte sie sich dann auch folgende Fragen: Habe ich eine Beziehung zu Jesus? Spreche ich mit ihm? Was ist eigentlich die Kirche für mich?

Diese Fragen beschäftigten sie sehr. Sie musste sich eingestehen, dass die Beziehung zu ihrer Kirchengemeinde zwar sehr schön, aber doch immer ziemlich oberflächlich ist. Und schließlich wurde ihr bewusst: Sie muss sich mehr an Jesus binden. Paradoxerweise wurde Frau Johannas Einsamkeit zu einer Zeit der Gnade, die ihr Halt gibt und ihre Beziehungsfähigkeit stärkt.

Als die Ausgangsbeschränkungen aufgehoben werden konnten, fand sich die Gemeinde wieder in der Kirche zusammen. Die meisten waren bedrückt und müde – alle ihre Freunde beklagten sich, dass sie niemand zum Sprechen gehabt hatten und ihnen die Gemeinschaft gefehlt habe. Johanna hingegen berichtete: „Ich habe Gott neu entdeckt – oder Er hat mich entdeckt. So nah war ich ihm noch nie in meinem Leben."

Johanna ist sich nun sicher: Aus jeder Situation kann Gott etwas Gutes machen. Es kommt auf uns an, ob wir es wollen und zulassen, dass er uns ändert.

65. EIN PHYSIKER FINDET ZU GOTT

Matthias* ist 26 Jahre alt und kommt aus Deutschland. Nach seinem Grundstudium entschied er sich, in Physik zu promovieren. Matthias hatte Gott zwar in seiner Jugend leichtfertig abgelegt, da er sicher war, dass die ganze Wahrheit in physikalischen Gesetzen zu finden sei. Bei einer Christmette, die er mitfeierte, wurde er aber von Gott dermaßen berührt, dass er sich entschied, nach Ihm zu suchen.

Am Beginn der Corona-Pandemie begann Matthias verstärkt zu beten. Zuerst kam die Heilige Messe von Missio Österreich, dann das Breviergebet mit Radio Horeb ... Er hatte einfach viel mehr Zeit für Gott. Er beschloss, sie in sein Inneres zu investieren. Nach und nach entdeckte Matthias schließlich, dass Gott einen Plan mit ihm hat.

Es war für Matthias, als würde ihm der Boden unter den Füßen weggezogen. Denn er entdeckte, dass Gott ihn möglicher Weise als Priester haben möchte! Doch wie sollte das geschehen? Wie sollte es nun weitergehen? Er war total verwirrt – sein Physikstudium, die wissenschaftliche Karriere, die er gerade erst begonnen hatte, seine Familie, die so sehr auf ihn zählte ... Und jetzt auf einmal Priester?

Er entschied sich, Pater Karl von seinen Zweifeln zu schreiben: Er dachte sich, dieser Priester schaut doch immer recht glücklich aus, vielleicht kann er ja helfen. Bald bekam Matthias auch eine Antwort: Pater Karl riet ihm, offen für alles zu sein, was Gott von ihm möchte. Er gab ihm auch einige konkrete und praktische Tipps mit auf den Weg. Das stärkte Matthias sehr. Und ein paar Tage später schrieb er wieder:

Lieber Pater Karl, (...) ich hatte versucht, von Gott einen Hinweis für meinen zukünftigen Weg zu erhalten. Dafür habe ich zunächst um den Heiligen Geist gebetet und dann das Neue Testament blind aufgeschlagen und mit dem Finger einen Abschnitt zu lesen gewählt. Es kam dann Lukas 19,28-40. Insbesondere las ich die Verse in der Nähe meines Fingers:

Sie lauteten: „Als sie den jungen Esel losbanden, sagten die Leute, denen er gehörte: Warum bindet ihr den Esel los? Sie antworteten: Der Herr braucht ihn ...“ – die Sätze haben Matthias mitten ins Herz getroffen, ja, schockiert. Ein Schauer lief ihm über den Rücken.

Matthias war dankbar, dass er auf diese Weise ermutigt wurde und dass sowohl Pater Karl wie auch die Mitfeiernden der Heiligen Messe für ihn gebetet hatten. Jetzt kann er sich auf die nächsten Schritte einlassen. Für ihn ist es ein großes Abenteuer, doch er weiß: Jesus geht mit.

66. SELBST EINE ÄRZTIN BRAUCHT GOTTES HILFE

Frau Dagmar* ist 38 Jahre alt und Ärztin in einer Klinik in Frankfurt. Menschen zu helfen war immer schon ihr Traum gewesen: bereits als Sechzehnjährige las sie medizinische Bücher, um einmal Medizin studieren zu dürfen. Sie ging entschlossen ihren Weg. Das Studium schloss sie als Jahrgangsbeste ab und bekam gleich danach eine gute Stelle. Ihr Beruf erfüllte sie voll und ganz. Bald wurde sie zu einer allseits beliebten, kompetenten Fachärztin. Doch irgendwann waren ihr die eigene Karriere und die Wertschätzung, die sie durch die Patienten erfuhr, zu wenig: sie sehnte sich mehr und mehr nach einer eigenen Familie.

Dagmar betete nur gelegentlich, meistens dann, wenn sie etwas brauchte. So war es auch diesmal. Auf einmal betete sie ganz intensiv, fast jeden Tag um einen Partner: und sie lernte Matthäus* kennen. Sie wussten von der ersten Sekunde an, dass sie füreinander geschaffen waren. Nach einer nur kurzen Zeit der Verlobung folgte – für alle überraschend – die Hochzeit. Sie wollten nicht lange warten, denn sie wünschten sich trotz ihres Alters noch zumindest ein Kind.

Obwohl Frau Dagmar Ärztin ist und sowohl sie wie auch ihr Mann sehr gut verdienen, entdeckten die beiden Eheleute recht bald, dass das alles keine Garantie für eine Schwangerschaft war. Dagmar konnte – trotz ihres eigenen medizinischen Wissens – keine Kinder bekommen. Die Jahre gingen schnell dahin und es wurde ihr bewusst, dass sie sich selbst nicht helfen konnte. Dann kam noch dazu der Stress der Pandemie und viele Regelungen. Dagmar war am Ende ihrer Kräfte.

In dieser Situation kam sie wieder auf die Idee, zu beten. Sie flehte Gott an, versprach ihm den wöchentlichen Kirchgang mit der Familie, eine Gebetsecke zuhause ... aber diesmal half es nichts. Frau Dagmar hatte den Eindruck, dass sie Gott wohl schon oft genug enttäuscht habe. Jetzt wollte er ihr offenbar nicht mehr helfen. Das konnte sie auch gut verstehen, denn außer für Bitten „meldete" sie sich ja nie bei ihm.

Dagmar hatte aber eine gute Freundin, von der sie wusste, dass sie gläubig war. Sie sprach sie darauf an und fragte, ob die Freundin nicht für sie beten könne. Vielleicht reagierte Gott ja auf ihr Gebet. Die Freundin versicherte ihr, dass sie für ihr Anliegen beten würde. Aber sie würde auch eine Fürbitte an Missio Österreich schicken, wo sie seit einiger Zeit täglich die heilige Messe mitfeiere. Dagmar war mit allem einverstanden.

Einige Tage später rief die Freundin Dagmar an: „Du, du wirst nicht glauben, was passiert ist", erzählte sie ganz aufgeregt. Dagmar überlegte, was es denn sein könnte und die Freundin fuhr fort: „Heute wurde dein Kinderwunsch bei den Fürbitten laut vorgebracht!"

Dagmar dachte sich nur: „Und das soll das Wunderbare sein? Dass ein Priester in Österreich für mich eine Fürbitte vorliest?" Sie sagte aber erst einmal nichts, weil die Freundin immer noch ganz außer sich war. „Ich schicke dir den Link zur heiligen Messe, du kannst es dann selber nachhören!" – sagte sie.

Dagmar stimmte zu. Am Abend erzählte sie die Begebenheit mit einem etwas zynischen Unterton ihrem Mann. Sie sagte: „Schau, jetzt haben die in Wien für uns gebetet. Jetzt muss es garantiert klappen."

Dagmars Mann schaute sie aber auf einmal ganz ernst an und fragte: „Möchtest du es anschauen?"

Frau Dagmar überlegte: „Eigentlich, warum nicht?" Sie war selbst gespannt, wie die Fürbitte formuliert worden war.

Am Abend saß sie zusammen mit ihrem Mann vor dem Computer und sie sahen sich gemeinsam die Mittagsmesse an. Dabei beobachtete Dagmar ihren Mann und merkte überrascht, dass er von Anfang an berührt war.

Bei der Predigt öffnete sich auch das Herz von Dagmar. Sie hörte aufmerksam zu und ihr wurde klar, dass sie Gott wiederfinden und eine persönliche Beziehung zu Ihm aufbauen musste.

Nach der heiligen Messe waren beide ganz still. Frau Dagmar konnte nur vermuten, dass er sich das Gleiche dachte. Geredet haben die beiden aber nie darüber, was in jenen Minuten geschehen war und wie Gott ihre Herzen berührt hatte. Am nächsten Tag beim gemeinsamen Frühstück fragte der Mann: „Möchtest du vor dem Essen beten?" Und Dagmar sagte ja. Von diesem Zeitpunkt an begannen sie – ohne das je einmal thematisiert zu haben – den Glauben in ihren Alltag zu integrieren. Über den Kinderwunsch sprachen sie jedoch nicht mehr.

Einige Wochen später wurde Frau Dagmar in der Früh ganz schwindlig. Ihr Mann schaute sie hoffnungsvoll an, doch sie winkte ab: „Nein, sicher nicht." Sie konnte es nicht glauben.

Aber auf dem Weg von der Arbeit nach Hause kaufte sie dann doch unterwegs einen Schwangerschaftstest.

Als ihr Mann ein paar Stunden später heimkam, fand er seine Frau am Boden sitzend und in Tränen aufgelöst. Dabei sah sie so glücklich aus! Er wusste, was das nur bedeuten konnte: Ja, sie war schwanger!

Dagmar glaubt, dass sie erst zu dem Zeitpunkt fähig war, Leben zu schenken, als sie selbst wieder zu einem Leben mit Gott gefunden hatte. Sie und ihr Mann möchten ihr Kind christlich erziehen – und das Video von der ersten gemeinsamen Mittagsmesse haben sie gespeichert, um es einmal dem Kind zu zeigen. Auf diesen Moment freuen sie sich jetzt schon.

67. EIN GANZES ALTENHEIM WIRD GESUND!

Frau Elisabeth* hat eine liebe Tochter Anna*, die mit ganzer Hingabe in einem Pflegeheim arbeitet. Frau Elisabeth ist auf Anna sehr stolz, denn sie geht sehr liebevoll mit den Bewohnern um und immer wieder bekommt Frau Elisabeth von alten Bekannten, die dort wohnen, Rückmeldungen, wie gut ihre Tochter zu ihnen ist.

Anna fühlt sich mit allen Bewohnern freundschaftlich verbunden. Eines Tages rief sie ihre Mutter ganz aufgebracht an: in einem Stockwerk des Altenheimes war Corona ausgebrochen. Anna war außer sich vor Angst und kaum zu beruhigen. Diese Stimmung übertrug sich auch auf die Mutter – bald weinten sie gemeinsam über die große Not im Pflegeheim.

Elisabeth ist eine treue Mitfeiernde bei der Mittagsmesse von Missio Österreich. Auch an jenem Tag, als sie das Telefonat mit der unglücklichen Tochter geführt hatte, feierte sie mit. Bei der Predigt sagte Pater Karl, dass man Gott Großes zutrauen solle. Elisabeth trafen diese Worte wie ein Blitz: wenn man Gott Großes zutrauen soll – warum nicht auch die Heilung eines ganzen Pflegeheimes?

Sie nahm sich vor, jeden Tag in diesem Anliegen den Johannesprolog zu beten. Das tat sie auch. Sie wiederholte: „Jesus, du kannst das Virus vertreiben!"

Nach einer Woche rief sie ihre Tochter wieder an. Elisabeth erkundigte sich schüchtern: „Und? Wie ist die Lage?"

Darauf erwiderte die Tochter freudig: „Mama, du wirst kaum glauben, was passiert ist. Das glaubt uns niemand, wir können es selber nicht fassen: Innerhalb einer Woche sind alle gesund geworden! Niemand starb, alle sind wohlauf und sie freuen sich schon, uns wiederzusehen.

Frau Elisabeth sagte: „Das glaube ich dir gerne. Man soll Gott Großes zutrauen – hat Pater Karl uns doch bei der Predigt gesagt."

68. DAS SIEGESKREUZ WURDE VERBRANNT – SONST NICHTS.

Frau Theresa* leitet seit 12 Jahren eine kleine Gebetsgruppe in einer Dorfpfarre in Oberösterreich. Wöchentlich treffen sich 8–10 Frauen, sie beten gemeinsam ein Gesätzchen vom Rosenkranz und tauschen sich anschließend ein wenig aus. Das Treffen dauert normalerweise eine Stunde, doch in der Zeit der Lockerungen nach dem Lockdown, brauchte die Gruppe etwas länger – es gab ja so viel zu erzählen!

Einmal brachte Theresa der Runde das Siegeskreuz mit. Sie erzählte ihren Mitbeterinnen über seine Bedeutung – alle fanden es recht schön und so blieb das Kreuz im Raum des Pfarrheimes, wo die Gebetsgruppe immer ihr Treffen abhielt.

Eines Tages, als die Frauen mitten im Rosenkranzgebet waren, roch eine Mitbeterin Rauch. Anfangs dachte sie sich, es wäre der Pfarrer, der etwas verbrannt habe, doch der Geruch wurde immer stärker. Die Frauen schauten sich gegenseitig beunruhigt an. Als Frau Theresa das Fenster öffnete um nachzusehen, drangen augenblicklich dicke Rauchwolken in den Raum. Sie versuchte die Tür zu öffnen – doch es war nicht mehr möglich. In diesem Augenblick schossen ihr viele

Gedanken durch den Kopf. Einer davon war, dass der Pfarrer um diese Uhrzeit für gewöhnlich seinen Mittagsschlaf in seinem Zimmer ein Stockwerk höher hielt.

Theresa machte sich auch Vorwürfe, denn hätte sie nur früher reagiert, hätten sie den Brand vielleicht verhindern können.

Sie blickte sich im Raum um: Ihr Blick fiel auf das Siegeskreuz. Ohne viel nachzudenken, nahm sie das Kreuz in die Hand. Sie betete kurz zum Erzengel Michael, sprach ein kleines Segensgebet und warf das Kreuz in den von unten aufsteigenden Rauch. Dann versuchte sie ihre Mitbeterinnen zu beruhigen. Sie beteten sogar weiter, denn viel mehr konnten sie ja nicht tun. Keine von ihnen hatte ein Handy mit dabei. Der Pfarrhof war ziemlich abgelegen, es konnte also lange dauern, bis jemand den Rauch merken würde.

Mit jedem „Gegrüßet seist du Maria" wurde sie ruhiger – und seltsamerweise war der intensive Rauchgeruch immer weniger spürbar. Frau Theresa schaute durchs Fenster: Die schwarzen Rauchwolken waren verschwunden. Vorsichtig öffnete sie die Türe – es war möglich! Draußen stank es unglaublich – aber bei offenem Fenster konnte man zumindest atmen. Theresa ging sofort ein Stockwerk höher und weckte den Pfarrer. Seine ersten Worte, nachdem er wach wurde, waren: „Mein Gott, mein Schweinsbraten!" Das war also die Ursache des Brandes gewesen. Theresa erzählte ihm alles. Sie weinten beide – und beide waren sich sicher: Nur das Kreuz hat sie gerettet.

Der Pfarrer rief anschließend die Feuerwehr an und schilderte den Vorfall. Als die Einsatzkräfte ankamen, sahen sie, dass der Boden nur bis zu einer gewissen Stelle verbrannt war. Ein Feuerwehrmann meinte: „Das eine Wunder ist, dass der Brand von selbst aufgehört hat. Das andere, dass Sie keine Rauchgasvergiftung haben." Theresa lächelte unter Tränen: „Es war das Kreuz", dachte sie sich.

Theresa dankte Gott gleich für zwei Wunder: Das eine, dass der Pfarrer und ihre Gebetsgruppe gerettet wurden. Das zweite, dass sich der Pfarrer nach Jahren endlich überzeugen ließ, eine sichere Kochanlage anzuschaffen und die Brandschutzeinrichtungen des Pfarrhauses zu verbessern. Danke, Jesus!

69. DOCH KEIN GENDEFEKT

Frau Dagmar wohnt in Deutschland. Im Juni 2019 erlitt ihr 38-jähriger Sohn einen Schlaganfall, was für die ganze Familie ein großer Schock war. Doch leider war das keine Ausnahme in ihrer damaligen Situation: Die ganze Familie wurde seit einiger Zeit von vielen Erkrankungen und Schicksalsschlägen getroffen, so dass alle nahezu verzweifelt waren. So viel Leid auf einmal – wer kann es nur ertragen?

Der Sohn konnte nicht sprechen und war an der linken Körperhälfte gelähmt. Zudem kam erschwerend hinzu, dass der Verdacht eines Gendefekts als Ursache für den Schlaganfall im Raum stand. Es herrschte große Angst: Da auch die Mutter von Dagmar einen Schlaganfall erlitten hatte, deutete alles darauf hin. Es bestand die Gefahr, dass dieses Schicksal noch weitere Mitglieder der Familie treffen würde. Jeden hätte es treffen können: Dagmars dreijährigen Enkelsohn, ihre Tochter oder auch sie selbst ... Alles war ungewiss. Zu dieser Zeit schaute Frau Dagmar regelmäßig K-TV. Sie stand kurz vor einem psychischen Zusammenbruch und schrieb an Missio eine E-Mail mit der Bitte um Fürbitte in der Mittagsmesse. Frau Dagmar beschreibt:

Ich bekam sofort eine ganz liebe E-Mail zurück,
die mich ruhiger machte.

Bei der nächsten Mittag*smesse* sollte die Fürbitte vorgelesen werden. Dagmar spürte, wie die Last, die sie im Herzen trug, abfiel. Am Nachmittag kam dann auch die Entwarnung: Es war kein Gendefekt! Die Ursache für den Schlaganfall war ein Loch im Herzen gewesen, welches durch eine Operation geschlossen werden konnte. Heute ist der Sohn wieder gesund und kann in seinem Beruf als Virologe viel Gutes tun.

70. EINE CHINAREISE UND DAS BABY IN DER CORONAZEIT

Johannes* wohnt mit seiner Familie in Frankfurt und arbeitet in der Hotelbranche. Als die Corona-Pandemie ausbrach, war er gerade beruflich in China unterwegs und konnte selbstverständlich nicht ausreisen, ohne dass er seinen Job verloren hätte. Die Zeit drängte aber, denn im September erwartete seine Frau ihr drittes Kind. Johannes fieberte sehr, ob er es wohl noch schaffen könne, rechtzeitig zu diesem großen Ereignis nach Hause zu kommen – denn nichts war sicher – und die ganze Familie war aufgeregt.

Die Mutter von Johannes ist aber eine treue Mitbeterin bei der Heiligen Messe von Missio Österreich. So entschied sie sich, alles Jesus anzuvertrauen und ihm den großen Wunsch der Familie vorzulegen: Dass Johannes bei der Geburt seines Kindes dabei sein kann. Sie schickte eine Fürbitte an Missio und betete: Jesus, sorge Du!

Für Jesus ist nichts unmöglich: Und er sorgte für viel mehr, als die Familie erbitten konnte. Johannes konnte von China ausreisen – denn genau zu diesem Zeitpunkt unterschrieb China ein Abkommen mit der Europäischen Union, das die Rückkehr der Arbeiter regelte. Für die Familie war allein das ein echtes Wunder: Wäre das Abkommen später gekommen, hätte der Vater nicht bei der Geburt dabei sein können.

Doch das sollte nicht das letzte Wunder gewesen sein: Johannes plante, zu seinen Eltern zu fahren, um einen neuen Pass zu beantragen. Doch in der Nacht vor seiner geplanten Abreise kam das Baby zur Welt. So konnte er direkt dabei sein. Wäre er nur eine Stunde früher losgefahren, hätte er das Neugeborene nicht in die Arme nehmen können.

Bei der Beantragung des neuen Passes passierte der zuständigen Beamtin ein Missgeschick: Sie machte den alten Pass, der ein gültiges Visum für China enthielt, ungültig. Johannes war schockiert, denn das Verfahren, um ein Visum nach China zu bekommen, kann wirklich sehr lange dauern! Und die Firma würde schließlich auch nicht ewig auf ihn warten!

Wunderbares hat Johannes*, der in der Corona-Krise in China festsaß, während seine Frau in Frankfurt das 3. Kind erwartete, durch das Gebet erfahren dürfen.

Doch auch hier handelte Jesus: Die beiden Botschafter – von China und von Österreich – konnten das Problem relativ schnell lösen. Johannes bekam ein neues Visum ausgestellt. Genau fünf Wochen hat es aber gedauert, bis er zurückfliegen konnte. Diese Zeit war ein großes Geschenk für die Familie! Alle genossen die gemeinsamen Tage – umso mehr, als die beiden größeren Kinder gerade Herbstferien hatten. Johannes sagte, dass sie noch nie so lange Zeit gemeinsam verbringen konnten wie dieses Mal.

Die ganze Familie ist Jesus sehr dankbar. Durch die gemeinsame Zeit bestärkt, konnten sie nun in den anstrengenden Alltag starten.

71. AUS EINER SINNKRISE WURDE EIN ZEUGNIS

Tobias* ist 25 Jahre alt und wohnt bei seinen Eltern, die einen großen Obstgarten haben. Der Obstgarten ist ihre größte Einnahmequelle. Doch seitdem der Vater krebskrank geworden war, lief die Arbeit viel langsamer und die Familie brauchte immer mehr helfende Hände. Das hörte auch eine Nachbarin, Frau Kerstin*, die – soweit es ihr die Zeit erlaubte – gerne aushalf.

Kerstin kannte die Familie schon „seit immer" und erinnerte sich, dass Tobias in seiner Kindheit ein eifriger Ministrant gewesen war, der dem Pfarrer gerne zur Seite stand. Doch die Krankheit des Vaters und viele andere Umstände erschütterten seinen Glauben. Er geriet in eine große Lebenssinnkrise. Als Kerstin das erkannte, nahm sie sich vor, jeden Tag ein Gesätzchen vom Rosenkranz für Tobias zu beten. So schrieb sie an Missio Österreich, dass sie der Gebetsbewegung „Gott kann" beitreten möchte, um für die Umkehr von Tobias zu beten.

Kerstin versuchte erst gar nicht Tobias mit Worten zu „bekehren", doch sie betete treu und wartete, was Gott an ihm bewirken würde. Als sie nach einiger Zeit in die Kirche ging, war sie ziemlich erstaunt: Tobias las wieder die Lesung!

Tobias hatte seine Lebenssinnkrise ganz produktiv genutzt und strengte sich an, wieder einen Sinn zu finden. Seine Suche führte ihn wieder zu Gott. Er fand einen guten Freund in seinem Ortspfarrer, mit dem er sich mittlerweile wöchentlich trifft. Von einem unausstehlichen, orientierungslosen Burschen entwickelte er sich zur größten Stütze, die sich der Pfarrer nur vorstellen konnte: Er ist Lektor, leitet eine Bibelrunde und macht den Live-Stream in der Pfarre möglich.

Kerstin betet weiter für Tobias – die Welt bietet ja viele Versuchungen an. Gleichzeitig ist sie aber zuversichtlich, denn Tobias hat seine Krise überwunden und er tat es nicht allein. Das ist die Hoffnung von Kerstin und die Hoffnung aller, die seine Entwicklung beobachteten.

72. AUF EINMAL WAREN ALLE SORGEN WEG!

Das Ehepaar Beat und Edith aus der Schweiz hat drei erwachsene Kinder. Sie haben aber auch große Sorgen: Der eine Sohn, Elmar, ist seit 7 Jahren verheiratet. Anfangs reiste er viel mit der Gattin um die Welt – von einem Kind war deshalb gar keine Rede. Nun bemühte er sich mit seiner Frau seit zwei Jahren um Nachwuchs – allerdings erfolglos. Der andere Sohn, André, hat zu Beginn der Coronakrise seine Arbeit verloren. Er versuchte viele Male, sich für einen neuen Job zu bewerben, doch von allen Seiten bekam er nur Absagen. Die Eltern waren über die Lage beider Söhne und Schwiegertöchter sehr unglücklich.

Die Eltern waren aber seit Beginn des Lockdowns immer bei der online-Mittagsmesse von Missio Österreich dabei. So entschieden sie sich, immer wieder ihre Sorgen auf den Altar zu legen und zu beten. Sobald es die Bedingungen erlaubten, pilgerten Frau Edith und Herr Beat sogar von der Schweiz nach Wien in die Licht-der-Völker-Kapelle von Missio Österreich. Sie brachten ihre Sorgen Jesus vor und baten uns inständig, für ihre Söhne zu beten.

Es dauerte nicht lange, da schrieb Edith an eine Mitarbeiterin von Missio Österreich, mit der sie mittlerweile eine gute Freundschaft verbindet:

André hat wieder ein Vorstellungsgespräch. Er ist schon sehr entmutigt, aber wir beten! Bitte, betet für ihn, dass er die Arbeit bekommt – das Gespräch findet gerade zur Zeit der Mittagsmesse statt!

Wir legten also eine hoffnungsvolle Fürbitte vor Gott.

Am nächsten Tag rief uns Edith an: Sie bedankte sich sehr, André hat die Stelle bekommen! Sie fügte hinzu: Jetzt bleibt noch der zweite Sohn: Wir sollten darum beten, dass ihm ein Kind geschenkt werde. Auch diese Fürbitte brachten wir laut vor. Es war eine komplizierte Ausgangssituation, denn seine Frau hatte schon zwei operative Eingriffe hinter sich, man war sich nicht sicher, ob sie überhaupt noch schwanger werden konnte. Doch wir beteten vertrauensvoll.

Diesmal dauerte es etwas länger, aber nach einigen Monaten erhielten wir die Nachricht: Das Kind ist unterwegs! Die ganze Familie freute sich. Frau Edith erzählte:

Wissen Sie, alle unsere Probleme sind auf einmal weg. André ist so glücklich mit der neuen Arbeit. Elmar strahlt und freut sich so sehr auf das Kind! Aber das alles geht nur mit Gottes Hilfe. Danke, dass Ihr es uns gezeigt habt!

73. DER VATER KONNTE NOCH BEICHTEN

Frau Michaela* ist knapp über 50 und wohnt in der Schweiz. Seit Beginn der Coronazeit feiert sie die Gottesdienste bei Missio-Österreich mit. Ihre Familie ist nicht gläubig. Michaela hat das der Familie aber nie übel genommen, denn ihre Eltern mussten in ihrer Jugend schwere Schicksale ertragen. Zugleich tat es Michaela immer leid, dass sie zwar eine Gebetsgruppe leitet, auf der anderen Seite aber ihre eigene Familie nicht zu Gott finden kann.

Umso mehr fühlte sich Michaela angesprochen, als Pater Karl einmal die Worte von Papst Franziskus wiedergab: „Fangt mit dem Gebet an!“ Diesen Appell nahm sich Michaela sehr zu Herzen.

Kurz danach erfuhr sie, dass ihr Vater an Krebs erkrankt sei. Der Tumor wurde spät erkannt und die Prognosen waren gar nicht gut. Die Metastasen hatten schon im ganzen Körper gestreut. Frau Michaela fühlte sich sehr getrieben: Sie wollte ihrem Vater unbedingt eine Beichte ermöglichen, bevor es zu spät ist! Sie überlegte hin und her, wie ihr das gelingen könne. Auf einmal kam ihr wieder der Satz der Predigt in den Sinn: Fang mit dem Gebet an!

So entschloss sich Michaela fürs Erste, zum Gebet Zuflucht zu nehmen. Allem voraus schickte sie eine Gebetsbitte an Missio Österreich: Sie bat, dass der Vater doch noch sein Herz öffnen und zur Beichte gehen möge. Sonst tat sie gar nichts, denn die Angelegenheit war sehr heikel.

Kurze Zeit nach der Fürbitte wurde Michaela überraschend in der Arbeit von ihrer Mutter angerufen. Sie sagte: „Du, ich weiß nicht, was ich machen soll. Der Papa will auf einmal einen Priester.“

Michaela war nicht weniger erstaunt als die Mutter. Jahrzehnte waren vergangen, seitdem die Eltern das letzte Mal Kontakt zu einem Priester gehabt hatten. Sie freute sich aber riesig! Gleich rief sie ihren geistlichen Begleiter an: Es war ein Ordensmann mit viel Erfahrung. Er sagte sein Kommen gleich zu und erschien noch am selben Tag am Bett des Vaters. Die Beichte erfolgte unter vielen Tränen, doch Michaela, die danach kurz in das Zimmer kam, spürte: Es waren die Tränen der Erleichterung und die Freude der Versöhnung.

Der Vater liegt immer noch im Bett, alle sehen es ihm aber an: Trotz seines großen Leidens und der Schmerzen, die er ertragen muss, ist er ruhig und gelassen. Er erwartet nicht mehr den zürnenden Herrngott, der ihm so viel im Leben zugemutet hat. Jetzt weiß er, dass er in den Armen Gottes geborgen ist und dass er bald dorthin geht, wo er geliebt und erwartet wird.

74. EINE MISSIONARIN MIT 89 JAHREN

Frau Dorothea* ist 89 Jahre alt und wohnt in Bayern. Sie lebt allein, ihr Mann ist schon vor längerer Zeit verstorben und Kinder hatten sie keine. Vor dem Ausbruch der Corona-Pandemie ging sie jeden Tag in die Kirche. Obwohl sie die einzige Besucherin in der Kirche war, gab ihr das immer wieder Kraft.

Nun kam der Lockdown. Dorothea* konnte nicht mehr in die Kirche und wusste nicht, was sie mit ihrer Zeit anfangen solle. Da kam ihr etwas in den Sinn: Sie erinnerte sich an den Fernsehsender K-TV, der immer gute Beiträge brachte – einmal hatte Dorothea dort sogar eine Messe mit dem Papst gesehen! So machte sie sich schlau und fand heraus, dass auf diesem Kanal dreimal wöchentlich die Messe von Missio übertragen wird. Mit der Zeit kam noch die Kindermesse dazu. Dorothea war immer dabei.

Einmal rief Pater Karl dazu auf, die Kinder und Enkelkinder vor dem Fernseher zu versammeln und auf diese Weise missionarisch zu wirken. Frau Dorothea machte dieser Aufruf traurig, denn sie hatte weder Kinder noch Enkelkinder und wollte doch so gerne auch missionarisch sein! Sie überlegte, was sie nur tun könne.

Da fiel ihr ihre Freundin ein, die ein schweres Krebsleiden hatte und bettlägerig war. Sie rief sie an und lud sie ein, die Heilige Messe anzusehen. Dieses Gespräch und die Tatsache, dass ihre Freundin das so positiv aufgenommen hatte, gaben ihr so viel Auftrieb, dass sie sich weitere Freundinnen überlegte, die sie einladen könnte.

Nach einigen Wochen war die Gruppe mehr oder weniger vollständig: Acht Frauen trafen regelmäßig bei ihr in der Wohnung zusammen. Sie feierten gemeinsam die Mittagsmesse bei Missio und beteten einen Rosenkranz. Dorothea schilderte uns das schlichte Konzept:

Alles sehr einfach: Sie kommen, wir beten. Kein großes Drum und Dran. Nicht mal einen Tee schlage ich vor, das wäre mir wieder zu anstrengend. Jesus muss der Gastgeber sein, nicht ich.

Dorothea ist für die Gruppe sehr dankbar: Nicht nur deshalb, weil sie gemeinsam beten. Die Erfahrung, dass sie mit ihren 89 Jahren immer noch eine Missionarin für andere sein kann, hat sie aufgeweckt. Jetzt weiß sie, niemand ist Christ für sich allein – Jesus ist für alle da.

75. DIE MUTTER WAR WIEDER FIT

Frau Felicitas* wohnt mit ihrer Mutter Martina* und ihrem Mann in einem kleinen Dorf bei Würzburg. Ihre Mutter ist bald 95 Jahre alt. Sie ist noch ziemlich fit für ihr Alter, braucht aber im Alltag oft Hilfe: Einkaufen kann sie nicht mehr alleine und auch viele Haushaltarbeiten fallen ihr schwer.

Eines Tages konnte die Mutter von Felicitas nicht mehr aufstehen. Die Familie fürchtete, dass nun ihre letzten Tage gekommen seien. Es wurde ein Arzt herbeigeholt und ein Corona-Test gemacht. Dieser war zum Glück negativ. Der Arzt sagte, es sei nur eine Erkältung. Da Martina aber bereits viele Medikamente einnehmen musste, konnten ihr keine zusätzlichen mehr verschrieben werden.

Felicitas zog es das Herz zusammen, als sie ihre Mutter so kraftlos im Bett liegen sah. Sie fühlte sich machtlos, jetzt konnte sie ihrer Mutter definitiv nicht mehr helfen. Sie überlegte, womit sie ihr eine Freude machen könnte. Alles, womit sie ihr für gewöhnlich Gutes tun konnte, wie beispielsweise ein gutes Essen, einen Spaziergang, eine Runde Brettspiel, konnte sie ihr in diesem Fall nicht bieten. Felicitas überlegte lange, bis sie auf folgende Idee kam: Eine Fürbitte! Ihre Mutter feierte jeden Tag die online-Messe von Missio Österreich mit und sie ist ein großer Fan. Alle Mitarbeiter, die je im Bild gezeigt worden waren, kannte sie mit Namen und betete für sie alle. Augenblicklich entschied sich Frau Felicitas dazu, eine Fürbitte für die Mutter zu schreiben. Und sie schrieb extra dazu, dass sie sich sehr freuen würde, wenn die Fürbitte auch vorgelesen werden könnte.

Felicitas ist zwar gläubig, die Mittagsmesse feiert sie aber nur selten mit. Doch stets stellt sie ihrer Mutter alles am Computer ein und geht dann ihrer Büroarbeit nach. So war es auch dieses Mal. Als Felicitas eine Stunde später von ihrem Büro in das Zimmer der Mutter zurückkam, saß diese fröhlich in ihrem Bett. Frau Felicitas war mehr als erstaunt. Die Mutter sagte auch gleich, sie habe Hunger und würde gerne etwas essen. Felicitas war so verwundert, dass sie gar nicht nachfragte, wieso und woher die Mutter auf einmal so viel Kraft habe.

Einige Stunden später fragte sie doch vorsichtig nach, was denn geschehen sei, dass es der Mutter so schnell wieder so gut ging. Da erzählte die Mutter: „Das weiß ich auch nicht. Ich war so müde, ich dachte schon, dass das jetzt meine letzten Stunden sind. Bei der Messe habe ich Gott gesagt, wenn er will, kann er mich schon holen. Und dann bei der Predigt schlief ich ein. Als ich aufwachte, las Marcel gerade das Gebet zur geistlichen Kommunion. Da spürte ich, dass mir der Atem zurückkehrt. Und bis die Messe aus war, fühlte ich mich schon fast gesund."

Felicitas dachte sich: Offenbar wirkt die Fürbitte auch dann, wenn sie nicht von uns gehört wird. Ob sie wirklich laut vorgetragen wurde, hat sie nicht mehr überprüft. Viel wichtiger war ihr: Sie wurde auf jeden Fall erhört. Danke, Jesus!

76. WIR NAHMEN UNS IN DIE ARME UND WEINTEN

Frau Matilda* ist 75 Jahre alt und wohnt in Oberösterreich. Sie hat eine Tochter, Brigitte*, die weit weg von ihr wohnt und sie nicht oft sehen kann.

Eines Tages als Brigitte ihre Mutter besuchte, zerstritten sich die beiden. Es ging anfangs nur um eine Kleinigkeit, doch der Streit eskalierte schnell. Die Tochter holte bittere Erinnerungen aus ihrer Jugend hervor, die Mutter fühlte sich angegriffen. Schließlich verließ

Brigitte die Wohnung, sie sagte dabei kein Wort mehr. Von jenem Streit an hörte Frau Matilda auch nichts mehr von ihrer Tochter, was sie mit einer immer größeren Traurigkeit erfüllte. Sie versuchte ihr einen Brief zu schreiben und anzurufen – doch jeder Versuch war erfolglos und entmutigte die Mutter noch mehr. Es vergingen Monate ohne ein Lebenszeichen von der Tochter.

Matilda befürchtete schon, dass sie sich mit dieser Situation einfach abfinden müsse. Aber das wollte sie nicht, denn ihr Verhältnis zur Tochter war in den letzten Jahren gut gewesen. Doch nun hatten sie schon ein Jahr lang nicht mehr miteinander gesprochen.

Matilda begann also darum zu beten, dass Gott ihr eine Gelegenheit zur Versöhnung schenken möge und sandte die Bitte auch an Missio Österreich.

Es dauerte nicht lange, da kam Matilda auf die Idee, ihre ältere Schwester in einem Wiener Altenheim zu besuchen. Zur gleichen Zeit bekam diese Eingebung auch ihre Tochter. An einem schönen Sonntag machten sich also beide Frauen – unabhängig voneinander – auf den Weg.

Matilda war mitten im Gespräch mit ihrer Schwester, da betrat plötzlich auch ihre Tochter den Raum. Mutter und Tochter sahen sich an. Ohne viel zu nachzudenken, fielen sich die beiden Frauen in die Arme. Beide weinten. Es waren Freudentränen, denn sie wussten beide, dass alles wieder gut war!

77. KEIN CORONA OHNE HOFFNUNG

Frau Gertrud* ist mit ihrem Mann seit über 30 Jahren verheiratet. Dankbar blickt sie auf diese Zeit zurück, denn bis vor kurzem blieb das Ehepaar von jedem Unglück verschont. Gertrud betet auch viel und empfiehlt dabei die ganze Familie stets dem Schutz der Gottesmutter Maria an.

Eines Tages kam ihr Mann, der von Beruf Arzt ist, von der Arbeit nach Hause und beschwerte sich, dass ihm das Tragen der Gesichtsmaske zu schaffen mache. Er habe deshalb schon langsam Atemprobleme, meinte er. Seine Frau schaute ihn an und musste feststellen, dass seine Gesichtsfarbe nicht gerade gesund wirkte. Allgemein zugängliche Testungen auf das Corona Virus waren zu diesem Zeitpunkt noch nicht üblich und Gertrud dachte sich nur „Hoffentlich ist es keine Corona Infektion!"

Nach wenigen Tagen ging es ihrem Mann immer schlechter. Schließlich wurde er getestet, das Ergebnis war positiv. Er hatte sich wohl bei der Arbeit mit dem Virus infiziert. Gertrud bekam Angst: „Wie soll es mit ihm weitergehen? Man hört ja so viele schreckliche Geschichten über das Virus. Doch wir beide – mein Mann und ich – sind der Muttergottes geweiht! Sie lässt uns sicher nicht im Stich!"

Der Krankheitsverlauf in den nächsten Tagen war jedoch nicht gerade erfolgsversprechend. Der Mann war ja Arzt – er wusste also selber, dass sein Fall immer hoffnungsloser wurde. Schließlich musste er auf die Intensivstation verlegt werden. Er konnte nicht mehr sprechen, seine Augen waren tränenerfüllt. Er wusste, dass er nicht mehr viel Zeit hatte.

Als ihn seine Frau schließlich besuchen durfte, wollte ihr Mann ihr etwas mit dem Finger zeigen. Doch nicht einmal das gelang ihm. Seine schwache Geste erinnerte Gertrud aber an einen schreibenden Stift. Sie überlegte, was das wohl bedeuten könne und sie deutete die Geste dahingehend, dass es der Wunsch nach dem Schreiben einer Fürbitte sein könnte. So schrieb sie an Missio Österreich, denn das Ehepaar feierte – soweit es ihre Zeit erlaubte – täglich die Heilige Messe online mit.

Gertrud hatte gerade das Buch „Mutter Teresa: Die Wunderbaren Geschichten" des ehemaligen Nationaldirektors von Missio, Pater Leo Maasburg, gelesen. Sie dachte sich: „Vielleicht kann die Heilige Mutter Teresa helfen. Sie hat doch so viel Wunderbares gewirkt. Auf ihre Fürsprache kann mein Mann geheilt werden." Die Bitte um Fürsprache Mutter Teresas traute sich Frau Gertrud gar nicht in die

Fürbitte hineinzuschreiben – es reichte aber, dass sie den Gedanken tief in ihrem Herzen trug.

Es dauerte etwas länger, bis die Fürbitte endlich bei der Heiligen Messe öffentlich vorgelesen wurde. Frau Gertrud wurde mit jeder Messe ungeduldiger, denn die behandelnden Ärzte bezeichneten den Fall ihres Mannes immer öfter als „sehr schwer", „kompliziert" oder gar „hoffnungslos". Das machte ihr zu schaffen. Irgendwann dachte sie sich: „Mutter Teresa, selbst du magst mir nicht helfen". Bereits etwas mutlos schaltete sie erneut den Computer an, um der Heiligen Messe via Livestream zu folgen.

Die Heilige Messe war diesmal etwas anders: Anstatt wie für Gewöhnlich Pater Karl, feierte diesmal ein anderer Priester die Heilige Messe. In deren Verlauf stellte sich heraus, dass es Pater Leo Maasburg war, der Autor des Buches über Mutter Teresa. Ausgerechnet an diesem Tag kam auch die Fürbitte für ihren kranken Mann an die Reihe und wurde laut vorgelesen. Gertrud weinte, ihr Herz füllte sich mit neuer Hoffnung: Es war für sie ein Zeichen von Mutter Teresa! Ihr Mann würde gesund werden!

Noch am selben Tag rief sie im Krankenhaus an. Ohne große Umstände war es möglich, dass ausnahmsweise ein Priester an die Station kam und ihrem Mann die Heilige Kommunion brachte. Zu diesem Zeitpunkt konnte er zwar nicht viel reden, man sah es ihm aber an, dass es ihn mitten ins Herz traf. Gertrud war sich sicher, dass dies ein Wunder auf Fürsprache der heiligen Mutter Teresa war. Das erste Wunder einer Wunderreihe. Das erste Zeichen hatte sie ihr bereits gegeben, jetzt musste sie weiter vertrauen.

Einige Tage später erhielt sie einen Anruf: Ihr Mann konnte wieder auf die normale Station verlegt werden. Nach wenigen weiteren Tagen war es dann eindeutig klar: Er war längst außerhalb von Lebensgefahr. Recht bald durfte er nach Hause.

Jetzt arbeitet Gertruds Mann wieder. Die Erfahrung hat auch ihm geholfen – jetzt hat er begriffen, dass es auch Fälle gibt, die hoffnungslos scheinen, aber mit Gottes Hilfe zum Guten gewendet werden. Dort, wo jede menschliche Hilfe versagt, gibt es noch die Hilfe von Gott und von den Heiligen.

Drei Einladungen

I. EINLADUNG: BAUEN SIE EIN KRANKENHAUS FÜR AFRIKA

„Die Bevölkerung war in Verzweiflung, der Verkehr stockte, die Straßen waren menschenleer. Einer wich dem andern im weiten Bogen aus. Selbst die Apotheken schlossen ihre Türen und verabreichten die Medikamente nur durch Fensterluken. Keiner nahm vom andern Geld an, das nicht vor seinen Augen in einer Säure gewaschen wurde. Keine Kirche, keine Schule, kein Wirtshaus durfte mehr geöffnet werden, auf dem Markt ging man mit Larven vor dem Gesichte; und die Handschuhe, die man dabei trug, wurden bei der Heimkunft in Spiritus gewaschen oder verbrannt.“[8]

Nein, das ist keine Schilderung der Corona-Pandemie der Jahre 2020 und 2021, sondern eine Beschreibung der Schwarzen Pest, die im Frühjahr 1713 in Wien ausbrach. Die Hygienemaßnahmen waren damals den unsrigen ähnlich, so isolierte sich etwa der kaiserliche Hof völlig von der restlichen Bevölkerung. Funktionsträger durften das Areal des Hofes nicht mehr verlassen. Infizierte wurden in isolierten schwarzen Sänften in ein eigenes Pestspital gebracht, ihre Wohnungen zugesperrt und ausgeräuchert. So wie in der Covid19-Pandemie waren die medizinischen und hygienischen Maßnahmen vor 300 Jahren auf der Höhe der Zeit. Auch wenn statistisch gesehen die Übersterblichkeit im Jahre 1713 nur ca. 2.500 Personen betrug: die Verängstigung

---

8 Adam Müller-Guttenbrunn, *Altwiener Wanderungen und Schilderungen*, K.K. Schulbuchverlag: Wien 1915, hier 151. Hilde Schmölzer, *Die Pest in Wien. „Deß* wütenden Todts Ein *umbständig Beschreibung“*, Verlag der Nation: Berlin 1988; Gustav Gugitz, *Die Wiener Pestepidemie von 1713 und ihr Ausmaß*, in: Wiener Geschichtsblätter 14 (1959) 87–91. Nach Gugitz betrug die Übersterblichkeit im Jahre 1713 „nur“ 2.500 Personen.

und Panik in der Bevölkerung war sehr ähnlich der psychologischen Bedrückung in der Corona-Pandemie. Nur eines unterscheidet die beiden Situationen sehr deutlich voneinander: Wie man religiös mit der Seuche umgegangen ist.

Als 1576 in Mailand die Pest ausgebrochen war, machte sich der damalige Erzbischof, Kardinal Karl Borromäus, um die Überwindung der Pest verdient. Er las über 100 medizinische Bücher, um die richtigen Maßnahmen treffen zu können, errichtete Lazarette, verfügte die Trennung der Kranken von den Gesunden, verordnete Desinfektions- und Hygienemaßnahmen, unter anderem auch Mindestabstände beim Gottesdienstbesuch. Er setzte sein Vertrauen auf das Bittgebet und ordnete Fürbitten, Gottesdienste und Prozessionen an. Während der Magistrat aus der Stadt geflohen war, organisierte er drei große Bittprozessionen, die er selbst barfuß anführte, wobei er die Insignien eines zum Tode Verurteilten trug. Weil man im 16. Jahrhundert weit weniger über die Übertragung von Krankheiten wußte, desinfizierte er seine Hände über einer Kerzenflamme, wenn er die Kranken aufsuchte, um ihnen die Sakramente zu spenden ... Als schließlich die Bewegungsfreiheit völlig eingeschränkt werden musste, ordnete er private Prozessionen in den Häusern, sowie sieben Gebetszeiten pro Tag an. Er wurde zum psychologischen Motivator und zum religiösen Erneuerer der Stadt, die damals 300.000 Einwohner zählte. 17.000 von ihnen fielen der Pest zum Opfer, ehe diese zu Weihnachten 1576 als Pest besiegt galt.

1713 herrschte in Wien der 28-jährige Kaiser Karl VI., der es als keinen Zufall wertete, dass sein Namenspatron eben genau jener Mailänder Erzbischof und Pestpatron Kardinal Karl Borromäus war. Seine Maßnahme war ein Gelübde:

> *„Für den 22. Oktober 1713, 10 Uhr morgens, hatte der Kaiser ganz plötzlich den gesamten Hofstaat, die Geistlichkeit, die hohe Beamtenschaft, alle Würdenträger des Staates und der Gemeinde in die Michaelerkirche nächst der Burg befohlen. Niemand wußte, weshalb. Nur der Erzbischof von Wien scheint im Vertrauen gewesen zu sein. Der Kaiser, ein schöner, stattlicher Mann, dem alle Herzen zuflogen,*

wo er erschien, kam mit großem Gefolge. Die großen und die kleinen Geschütze donnerten auf den Wällen, alle Glocken läuteten. Der junge Monarch trat an den Erzbischof, der ihn mit der Geistlichkeit erwartete, heran und bat ihn, die in der Michaelerkirche verwahrten Reliquien des heiligen Karl Borromeo voranzutragen in die Domkirche zu Sankt Stephan. Dies geschah und die ganze Hierarchie des Staates bewegte sich unter Führung des Kaisers in feierlicher Prozession nach Sankt Stephan. Dort begab sich Kaiser Karl an den Hochaltar und sprach mit lauter Stimme ein langes, selbstverfaßtes Gebet um Abwendung der Pest, das in dem Gelöbnis gipfelte, dem Andenken des heiligen Karl Borromeo in Wien eine Kirche zu bauen, wenn er, der sich im Leben so ruhmvoll und mit solcher Wunderkraft gegen diese Krankheit betätigt habe, auch Wien seine Gnade zuwende und bei Gott den Fürsprecher machen wolle."

In den „Altwiener Schilderungen" von Adam Müller-Guttenbrunn heißt es weiter: „Diese eindrucksvolle Feier bekräftigte den Lebensmut der frommen Wienerstadt, es folgte ihr eine allgemeine moralische Erhebung. Die Maßregeln gegen die Seuche wurden verschärft, man führte den Kampf durch Furchtlosigkeit, Mäßigkeit und Reinlichkeit siegreich gegen sie und im Februar 1714, also vier Monate später, konnte die Pest als erloschen gelten. Kirchen, Schulen, Wirtshäuser und Tanzlokale wurden wieder geöffnet, neues Leben begann und ein großer Dankgottesdienst versammelte unter Führung des Kaisers neuerlich die gesamte offizielle Welt in der Stephanskirche. Das Volk aber war sehr geneigt, das Erlöschen der Seuche mit dem Gelübde des Kaisers in Zusammenhang zu bringen. Und diese Meinung lebt noch heute fort; denn die Pest kam nie wieder nach Wien."[9]

Die Karlskirche wurde 1739 nach den Entwürfen von Johann Bernhard Fischer von Erlach fertiggestellt und erinnert bis heute auf eindruckswolle Weise an die Überwindung einer bedrückenden Seuchensituation durch gläubiges Gottvertrauen. Darum wollte ich diese historische Notiz an den Anfang dieses Buches über wunderba-

---

9 Adam Müller-Guttenbrunn, *Altwiener Wanderungen und Schilderungen*, K.K. Schulbuchverlag: Wien 1915, 153f.

re Gebetserhörungen stellen, von denen hier in diesem Buch einige zusammengestellt worden sind. Sicher, die Situation von 1713 und 2020 kann nicht miteinander verglichen werden. Es ist aber erstaunlich, dass weder in der großen Mailänder Pestseuche noch 140 Jahre später im Wien des Kaisers Karl VI. die Kirche die medizinischen und hygienischen Maßnahmen in Frage gestellt hat. Natürlich hatte man damals nicht jenes Fachwissen über Infektionen, wie das heute der Fall ist, aber die Verantwortlichen haben immer auf der Höhe ihrer Zeit die Hygienemaßnahmen unterstützt und forciert, die als die effizientesten galten. Zugleich aber wurde nicht nur auf die „natürliche" Bekämpfung der Krankheit gesetzt, sondern immer auch auf die „übernatürliche": durch Gottvertrauen, durch Umkehr und durch Bittgebete.

Ich habe am Beginn der Krise zwei öffentliche Gelübde bei einer Mittagsmesse gemacht: Das erste, was ich Gott versprochen habe, war etwas ganz Persönliches. Ich habe gelobt, dass ich für den Fall, dass wir von Missio Österreich so verschont werden, dass wir gut für die Ärmsten der Armen weiterarbeiten können, eine Krone für die schlichte haitianische Muttergottesstatue in der Missio-Kapelle besorgen werde. „Corona" heißt „Krone". Dieses Gelübde konnte ich am 12. Mai 2021 mit der Krönung Mariens am Tag vor Christi-Himmelfahrt erfüllen. Zugleich ist mit der schlichten Krone aus Fatima, die uns bei Missio Österreich auf wunderbare Weise geschenkt wurde, die Bitte an Maria, den „Stern der Mission", verbunden, nicht nur in Österreich sondern weltweit bei Gott um eine Ende der Pandemie zu bitten. Und vor allem brauchen wir die Hilfe unserer „Königin", damit wir Katholiken missionarischer werden.

Das zweite Gelübde war inspiriert durch das Gelübde von Kaiser Karl VI., das zum Bau der prachtvollen Karlskirche wenige hunderte Meter neben der Nationaldirektion im Herzen von Wien geführt hat. Der eigentliche Anstoß dazu kam durch ein Wort von Papst Franziskus bei seinem einsamen Gebet im Regen auf dem verlassenen Petersplatz am 27. März 2020: „Wir waren in dem Wahn, in einer kranken Welt gesund bleiben zu können." Da sind mir die Begegnungen eingefallen mit Kranken und sterbenden Menschen, die ich auf meinen Hilfsbesu-

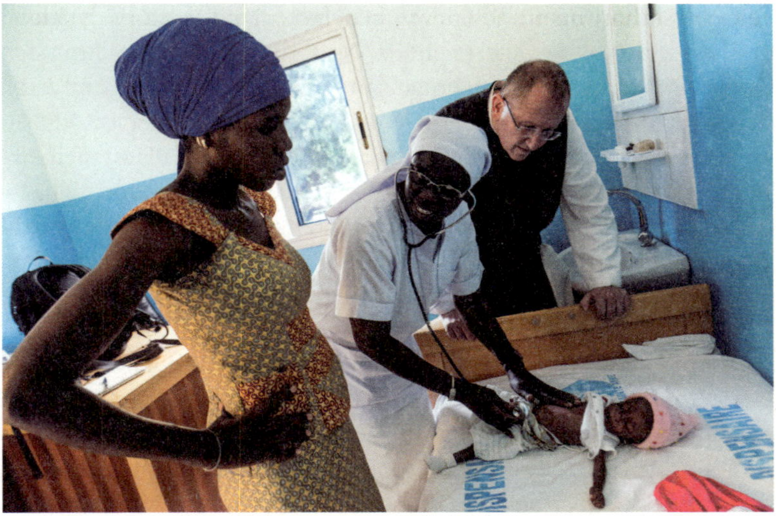

In früheren Zeiten hat man sich immer bei Gott bedankt, wenn eine Krise überwunden war. Missio Österreich möchte daher als Dank für die Überwindung der Pandemie ein „SanktKarl-Borromäus-Krankenhaus" in einer der ärmsten Gegenden Afrikas bauen, um den Ärmsten der Armen medizinische Versorgung zu geben.

chen in Afrika, Asien und Südamerika hatte. Und so habe ich gelobt, dass wir von Missio Österreich als Dank für die Überwindung der Corona-Pandemie ein Krankenhaus in Afrika bauen wollen, und zwar in einer Region, die besonders arm und medizinisch unterversorgt ist.

Mit der Projektplanung haben wir sofort begonnen. Es ist meinem Team und mir aber klar, dass man ein großes Krankenhaus nicht so einfach baut. Einen Folder haben wir bereits erstellt, wir haben auch eine gemeinnützige Stiftung für die langfristige Anlage von Spenden gegründet. Und um das Übernatürliche und Gnadenhafte an dem Krankenhaus-Projekt zu zeigen, haben wir die „Baustein-Spenden" nach einzelnen Heiligen der Nächstenliebe und Krankenpflege benannt. Das soll ausdrücken: Wir brauchen die Fürsprache der Heiligen, damit es gelingt. Und wir brauchen noch viele Bausteine. Das Krankenhaus soll eine Anlaufstelle für Menschen in Not sein und gleichzeitig verschiedene Bereiche abdecken: Geplant sind eine Abteilung für Kinder, eine Geburtenstation, mehrere Operationssäle, eine Apotheke, Abteilungen für Augenheilkunde, für Zahnmedizin und vieles mehr. Menschen sollen stationär und ambulant behandelt werden können.

Das Sankt-Karl-Borromäus-Krankenhaus in Afrika braucht noch viele Gebete, viele Spenden und viele Wunder. Ich bin aber felsenfest davon überzeugt, dass es genau die richtige Antwort von uns Christen in Europa auf die Corona-Krise ist.

2. EINLADUNG: BETEN SIE MIT BEI GOTT-KANN

Unsere Gründerin Pauline Marie Jaricot startete 1822 ihr Wirken für die Weltmission mit der Gründung des „Lebendigen Rosenkranzes". Jede und jeder, der mitbetete, sollte nur ein Gesätzchen vom Rosenkranz in den Anliegen der Weltmission beten. Sie sammelte 2,4 Millionen Franzosen, die mitbeteten, und schuf so die geistliche Grundlage für die rasche Ausbreitung des christlichen Glaubens in Afrika, Asien und Südamerika im 19. Jahrhundert. Ohne den „Lebendigen Rosenkranz" wäre die katholische Kirche heute nicht die größte Glaubensgemeinschaft des Planeten mit 1,3 Milliarden Gläubigen.

Inzwischen haben sich die Zeiten geändert: In den früheren Missionsländern wächst die Kirche, in Europa schrumpft sie. Und zwar sehr schnell. Darum haben wir eine ähnliche Gebetsbewegung gegründet wie die von Pauline Jaricot. Wir nennen sie „Gott kann", weil für Gott nichts unmöglich ist (Lukas 1,37). Gott kann alles! Es geht um ein Gesätzchen Rosenkranz täglich.

Zum einen kann man das tägliche Gesätzchen beten im ursprünglichen Sinn: beispielsweise für einen Missionskontinent. Zum anderen, und das ist neu, kann man das Gesätzchen beten für einen konkreten jungen Menschen vor Ort, der glaubensfern ist. Es geht also um das Gebet für die Kinder und Jugendlichen hier bei uns. Unser „Missionsland" sind die Herzen der jungen Menschen.

Die Gebetsaktion „Gott kann" ist also ganz einfach: „Beten Sie jeden Tag ein Gesätzchen vom Rosenkranz für einen konkreten jungen Menschen, der glaubensfern ist." Am besten ist es, wenn man für einen Jugendlichen betet, den man konkret kennt. Etwa die Enkelkinder, oder auch den kleinen Machmud von nebenan. Selbstverständlich kann man auch für Ungetaufte beten. Auf der Website www.Gott-kann.at beantworten wir alle Ihre Fragen.

Bitte melden Sie sich an, denn wir brauchen viele! Eine Mitgliedschaft ist mit keinerlei Kosten verbunden und Sie erhalten auch – wenn Sie Missio nicht bei anderen Aktionen unterstützen – keinerlei Spendenaufforderungen. Im Gegenteil: Wir freuen uns so über jede und jeden, der mitbetet, dass wir automatisch mit der Anmeldung einen Rosenkranz in der Farbe des Heimatlandes als Geschenk zuschicken.

„Gott-kann" ist die Gebetsbewegung von Missio Österreich: Täglich ein Gesätzchen vom Rosenkranz für einen jungen Menschen, den Sie kennen. Siehe: www.Gott-kann.at. Es geht um „Mission" für unsere Heimat. In Afrika, Asien und Lateinamerika verteilen wir auch unsere Rosenkränze, damit für unsere Jugendlichen in Europa gebetet wird. Information schicken wir gerne zu.

3. EINLADUNG: SCHICKEN SIE UNS FÜRBITTEN FÜR DIE MITTAGSMESSE

Und schließlich laden wir Sie ein, uns weiterhin Ihre Fürbitten zu schicken: Per Post oder per E-Mail. Wir legen alle Fürbitten in unseren Burundischen Brotkorb. Wenn sehr viele eintreffen, können wir freilich nicht alle vorlesen. Gott ist aber kein Buchhalter und er hat nachweislich auch schon viele Bitten erhört, die wir nicht laut vorlesen konnten. Hier gilt das Wort Jesu: „Euer Vater weiß, was ihr braucht, noch ehe ihr ihn bittet." (Mt 6,8)

Bitte schreiben Sie einfach an: Dr. Gabriela Wozniak

Missio Österreich
z. Hd. Dr. Gabriela Wozniak

Seilerstätte 12/1
1010 Wien
Austria

oder schicken Sie eine E-Mail an fuerbitten@missio.at
oder rufen Sie innerhalb der Öffnungszeiten an unter 0043-1-5137722.